すべての音に祝福を
ジョン・ケージ 50の言葉

白石美雪

Miyuki Shiraishi

ARTES

すべての音に祝福を

ジョン・ケージ50の言葉

Miyuki Shiraishi

白石美雪

ARTES

目次

すべての音に祝福を

ジョン・ケージ　50の言葉

白石美雪

新しい耳、おめでとう！

HAPPY NEW EARS!

[1963]

八〇年近い人生を通じて、ジョン・ケージが発信したメッセージは数知れない。その中で、このフレーズほど彼の活動を要約している言葉は他にないだろう。ケージは純粋な音楽家というより、ハプニングやメディア・アート、詩や版画も手がけるマルチ・アーティストだったが、それらの活動の根幹には音楽をめぐる発想の転換があった。楽器や歌声で奏でられる音楽だけでなく、雨音にも車の音にも興味をもち、ついには「沈黙」すら聴いてみたいという欲望にかられたケージにとって、作曲家の自己表現としての楽曲は音楽のごく一部にすぎない。聴く耳さえあれば、日常生活にあふれる、ありとあらゆるノイズは音楽となる。

「Happy New Year!」との語呂合わせから生まれたこの言葉を、ケージは日本の音楽愛好家に贈った。一九六三年一二月、日本のラジオ局から新年に向けて一分程度の挨拶を求められ、ケージは次のようなメッセージを書いたのである。「影の動きに損なわれないなら絵画は絵画であるように、環境音に中断されないなら音楽は音楽である。聴く人に関する限り、問題の核心はどこにあるのか。それはこうだ。耳をもっているのだから、それを使ってみよう。新しい耳、おめでとう!」。聴く人が耳をきちんと使えば、これまでの狭い音楽概念を超えて、あらゆる音を音楽として捉えることができるはずだ。まさに新しい耳の誕生である。

「新しい耳」という主張への有効な批判があるとすれば、次の二つだろう。第一に、すべての音が音楽とイコールならば、音楽は物理的に存在している音の総体となり、音楽の内と外を区別することはできないという批判である。そうだとしたら、もはや音楽を作る意味はなくなってしまう。しかし、ケージはすべての音がそのまま音楽だと言ったのではない。彼が試みたのは耳のスイッチをオフからオンに切りかえること、つまり、それまで「音楽」ではないものとして意識を向けることのなかったノイズを聴くために、それをせき止めていた耳のフィルターを取り除くことだったのではないだろうか。環境音への感度が鈍っていた耳を働いている状態にして初めて、単なる音も音楽になる。

第二に、ケージがあらゆる音のもつ社会的な文脈をそぎ落として、その音がどんな社会性をもっているかを無視して利用できるように「音楽」という文化的コードによって操作し、もっぱら音響だけを聴かせようとしているという批判である。それは近代特有の「音楽的うぬぼれ」の表れだと言うのだ。確かにケージは音から意味や象徴を切り離して、響きのみに定位する。それは近代の芸術音楽によって培《つちか》われた独特の聴取なのかもしれない。おそらく世界を構成しているあらゆる音に文化的、社会的脈絡はある。しかし、たとえそうであったとしても単に意味や記号として機能しているだけでは音楽にはならない。音響そのものがおもしろい、もう一度聴きたいと感じることこそ、音楽が音楽たりうる原点なのではないだろうか。それなくして、音楽の創造性は成立しない。近代に限られたことではなく、あらゆる音楽が成立する根源に、こうした聴き方があるはずだ。したがって、耳のスイッチをオンにして音響そのものに耳をひきつけることが、ケージの音楽のミッションとなる。

　引用文の続きにはこんな注釈がある。「耳は体の一部にすぎない。私は耳の持ち主のすべて、そして音楽を愛好しているかどうかにかかわらず、あなたたちすべてに言いたい。新年、おめでとう！　今年だけなく、すべての年に幸せあれ！」

↗

John Cage 1963. "HAPPY NEW EARS!" in *A Year from Monday: New Lectures and Writings*. Middletown, Connecticut: Wesleyan University Press, 1967, p.30

私たちが小声で静かになったら、
他の人たちの考えを
学ぶ機会が得られるはずだから。

For we should be hushed and silent,
and we should have the opportunity to learn
that other people think.

[1927]

アーノルド・シェーンベルクから「天性の発明家」と評されたケージ。彼が創造した実験音楽の発想には、発明家でエンジニアだった父親ゆずりの独創性を感じる。まじめで日々の努力を惜しまない性格は、プロテスタントの一教派であるメソジスト派の牧師だった祖父から遺伝したのかもしれない。さらに、新聞のコラムニストだった母親からはその文才を受け継いだ。エッセイや論文のほか、詩やメソスティックスなどのテキスト作品、プログラム解説などを含めると、生涯にわたって書かれた文章は優に三〇〇を超える。

引用文はそのうちの最も早く、一九二七年に書かれた論説の一節である。ロサンジェルス・ハイスクールの優等生だったケージは、翌二八年、ハリウッドボウルという屋外音楽堂で開かれた南カリフォルニア弁論大会に学校代表として出場してこの論説を発表した。タイトルは「他の人たちは考える」。一五歳のケージは当時の汎アメリカ主義に疑問を呈し、みごと優勝した。

ちょうど時代は「狂騒の二〇年代」、あるいは「ジャズ・エイジ」とも評された一九二〇年代である。アメリカ合衆国は未曾有の好景気に浮かれていた。第一次世界大戦の戦争特需で経済を持ち直し、戦後、債務国から一気に債権国へと転換すると、世界経済の中心地はロンドンのシティからニューヨークのウォール街へと移る。そうした国力の増大を背景として、合衆国は「文明化する」という大義のもとにラテン・アメリカの国々へと介入していた。

「アンクル・サム（米国政府）のおかげで、ヴェネズエラはドイツから、キューバはスペインから、メキシコはフランスから保護されている」とか、「アメリカ経済のおかげで、小さな共和国の多くが文明を進歩させてきた」など、利他的なモチベーションでラテン・アメリカの国々と関わってきたのだとする合衆国の主張を、ケージは疑問視する。たとえば一九二二年、三つのアメリカの銀行がボリビア共和国へ二六〇〇万ドルを貸し付けた結果、他の国からの債務が制限され、ボリビアの経済の前途はほんの一握りの銀行家の欲望に服従することになったではないか。一九一二年、合衆国海兵隊がニカラグアに入ったのは、金融を握る人たちの生命と財産を守るためで、彼らは今もそこにいるではないか。ラテン・アメリカの人たちが、合衆国の利他主義は帝国主義を隠しているのだと考えるのも無理はないとケージは主張したのである。

ケージは近い将来、合衆国の産業が停止し、ビジネスが中断して、ついにこの社会で動いているすべてが止まるなら、それこそ福音だと述べている。その時、さえぎられることのない静けさの中で汎アメリカの良心が芽生え、ラテン系とアングロ・サクソン系の人びとが互いを尊敬しあい、相互の主張に耳を傾けることになるだろうと論じた。

九〇年余の歳月を経た現在も、ケージの理想は残念ながら実現していない。むしろ、合衆国の利己主義は一層濃厚になった。高校時代のケージがもっていた、自己主張を離れて相手の考えを受け入れようとする態度や、問題を複眼的にとらえる思考法は、後年、彼が展開する芸術哲学に通じるものがあって興味深い。

John Cage 1927. “Other People Think.” in Richard Kostelanetz 1991 ed. *John Cage: An Anthology*. New York: Da Capo Press, Inc., p.48

音楽は自己表現ではなく、
大文字の表現だと考えている。

I think of music not as self-expression, but as Expression.

[1934]

一九三〇年六月、カリフォルニアのポモナ・カレッジでの学生生活を二年で切り上げ、ケージは一七歳でヨーロッパへと渡る。パリの建築事務所でのアルバイトから始まった遊学のさなか、彼は詩と絵画を制作し、簡単な作曲を試みた。そして、一年数カ月に及ぶヨーロッパ滞在からカリフォルニアへ戻ったとき、ケージは作曲家になろうと決意を固めていた。

さっそく気ままに書いていた歌曲などを発表しながら、リチャード・ビューリックというピアニストに頼み込んで、音楽理論と作曲の手ほどきを受け始める。彼からヨーロッパの前衛たちの間で広まっていたアーノルド・シェーンベルクの十二音技法を学び、独自の二十五音音階に基づく作曲法を考案して、その成果として《クラリネット・ソナタ》や《二声カノンのオブリガードを伴うソロ》といった新しい器楽曲が生まれた。また、ビューリックの紹介で、ケージより一五歳年上のアメリカの作曲家でベルリンで音楽民族学を学んだヘンリー・カウエルからも短期間ながら指導を受けている。ナチス・ドイツから逃れて亡命したユダヤ系オーストリア人の前衛作曲家シェーンベルクから、直接教えを受けることになるのは、まだ先のことだ。

引用文は初めて雑誌に掲載された論文「カウンターポイント」からの一節。『Dune Forum 1』という音楽雑誌の一九三四年二月号で、前号に載った論文への反論として掲載された。ちょうどビューリックに学んでいた時期にあたる。この一文のみを読むと、自己表現を否定している点で東洋思想に感化された後の主張と一貫性があり、研究者たちは若いころからケージが近代ヨーロッパの芸術音楽とは異質の発想を持っていたと指摘する。もっとも、この当時、ケージの関心はあくまで二〇世紀の現代音楽に向けられていた。説明の中では当時を代表する現代作曲家、シェーンベルク、イーゴリ・ストラヴィンスキー、パウル・ヒンデミット、エリック・サティ、フランシス・プーランクらの音楽を例に挙げながら、「表現」は努力して得られるものではなく、「構造」を完成する中で無意識的に生じるという考えを、上記のような言葉で表現したのである。

これを読んだカウエルは、翌月の同じ雑誌に「ダブル・カウンターポイント」という論文を書き、ケージら若手作曲家の議論の弱点を突いて、白人以外の人びとが実践する世界の音楽では異なった考え方があることを示唆した。このように、多文化的な西海岸の環境にあって、民族音楽の豊富な知識をもっていたカウエルやルー・ハリソン、彫刻家のリチャード・リッポルトらとの交流を通じて、ケージは若い頃から東洋の音楽や理念に触れる機会があった。また、この論文を書いた三四年の四月からはニューヨークに八カ月滞在し、カウエルが教鞭をとっていたニュースクール・フォー・

ソーシャル・リサーチのクラスに通って、民族音楽の知識も深めている。
　それでもケージが、即座にアジアや非西欧の民族音楽にのめり込むことはなかった。コダーイ・ゾルターンやバルトーク・ベーラ、あるいはストラヴィンスキーらが民謡に惹かれ、民謡を素材として吸収しながら独自の語法を確立したのとは異なり、ケージの発想はあくまで近代のモダニズムの延長線上に展開された前衛音楽と結びついていた。このことは記憶しておく価値がある。

John Cage 1934. "Counterpoint." in Richard Kostelanetz 1993 ed. *Writings about John Cage*. Ann Arbor: University of Michigan Press, p.16

自然の繊細さがすべて、ここにはある。

All the details of nature are present.

[1992]

ヨーロッパでの遊学から帰国してほどなく、ケージは当時のパートナーだったドン・サンプルとともにハリウッドのキングズ・ロードにあるシンドラー・ハウスに一年弱住んでいた。いまも保存され、研究や展示がおこなわれているこの家は、オーストリア出身の建築家ルドルフ・M・シンドラーが友人夫妻と共同生活を送るために設計し、一九二二年に完成した自邸である。上空からみると、二つのL字型をした棟が組み合わされ、二つの独立した住居のつなぎ目に台所や洗濯室を兼ねた一部屋が配置された構造で、キャンバスで覆っただけのルーフポーチを寝室とする独特の設計だった。コンクリートの壁を構造体としてそこに木造の柱や梁をかけ、引き戸をつけた建物は水平のラインが強調され、ガラスを多用し自然の外光を多く取り入れているあたりに、師のフランク・ロイド・ライトの影響が感じられる。

実際にキングズ・ロードのシンドラー・ハウスに行ってみると、中庭とその植栽、建物の構成から、まるで日本の田舎にある古い家に来たような懐かしさを覚える。シンドラー自身は日本を訪問したことはなかったが、ライトおよび東京の帝国ホテルの建設でライトと関わりのあった日本の建築家から日本家屋について情報を得て、襖《ふすま》や障子、軒《のき》などといった伝統的な日本建築の細部を応用したのではないかと考えられている。

一九九二年五月、ケージはインタビューの中でシンドラー・ハウスに居住していた当時を回想し、引用文のように述べている。とくに室内と室外が区別なく繋がっていて、それぞれの部屋にプライヴェート・ガーデンがあることを高く評価した。この開放性と繊細さはカリフォルニアの生活スタイルやアメリカ原住民のプエブロ文化がヒントになったとされ、さらに日本家屋のミニマルな美学との共通性があるとも指摘されている。意識して日本的なものを求めたというわけではなかったものの、ヨーロッパ遊学の頃から建築に深い関心をもっていたケージは、この家で過ごしたことによって多くのことに気づかされたのではないだろうか。

ちなみに、ケージが暮らした住居としては、このシンドラー・ハウスとともに、一九五四年から七〇年まで暮らしたストーニー・ポイントの家がユニークである。その家はケージを信奉する裕福なウィリアムズ夫妻が購入した広大な土地に建てられていた。近代建築の巨匠ルートヴィヒ・ミース・ファン・デル・ローエが設計したガラス張りのファンズワース邸をモデルとする実験的な住居で、壁面全体がガラスになっていて、屋内に居ながら外の自然と触れ合うことができ、また、外から眺めるとそれらのガラスは空と雲、森の木々を映した。自然との間に強固な壁を作らず、外からの光や空気に触れながら植物を楽しむ暮らしが快いと感じる中で、終生、変わらない自然に対する鋭敏な感性が培われたのかもしれない。そういえば、マンハッタンへ戻ってきて最晩年を過ごしたロフトにも、多くの植物の鉢が置かれていた。

Thomas S Hines 1994. "Then not yet 'Cage': The Los Angeles Years, 1912-1938." in Marjorie Perloff and Charles Junkerman 1994 eds. *John Cage: Composed in America.* Chicago: University of Chicago press, p.84

音楽の構成について考えることは、本来の聴取にとって危険な罠となりやすい。

Thinking about the construction of the music is very apt to be a pitfall to real hearing.

[1937]

音楽を聴いているとき、私たちが聴覚を通して受けとめているものを明らかにすることはむずかしい。心をとろかす甘美な歌声に酔いしれることもあれば、刻まれるリズムのグルーヴ感に身体を預けることもある。エクトル・ベルリオーズの《幻想交響曲》なら楽想が繰り広げる音楽の展開から失恋してアヘン自殺を図った若き芸術家の奇怪な夢物語を読み解くだろうし、ピエール・ブーレーズの《ストルクチュール》ならセリーを駆使した作曲法から生まれる瞬時の音の閃《ひらめ》きに衝撃を受けるかもしれない。ひと口に音楽と言っても千差万別なのである。音楽を聴くことは自由で奥深い体験だ。でも、あなたが作曲家なら、きっとこう主張するにちがいない。音楽を聴くとは、まず音楽の構成を理解することだ、と。

ケージは一九三五年三月からアーノルド・シェーンベルクのプライヴェートなグループ・レッスンに通い始め、二年弱、彼から作曲の基礎理論を学ぶ。シェーンベルクの発案した十二音技法はまさに音と音の関係から生じる構成を基盤とする作曲法である。尊敬すべき師との出会いに感動して、嬉々として彼のレクチャーに通ったケージだったが、やがてそれが自分の本性とはかけ離れた教育であることにストレスを感じたり、この道を進むべきなのか迷ったりするようになる。

これまでほとんどの作曲家は音と音から生まれる構成に創意を凝らしてきた。しかし、もし複数の音と音の関係を識別し、そこから生まれる構成を理解できなければ、音楽を正しく評価できないというなら、どれほど音楽が好きであっても音楽理論を学んでいない素人には音楽の価値はわからないのではないか。音楽家がそうであるように、もっぱら音楽に人生を捧げなければ、次々と新たに生まれる形式を理解していくことはかなうまい。そうしたら音楽は、ルールを学ぶ人たちのために作られた孤独な芸術、あるいは荒涼としたゲームになってしまうと、二五歳になろうとしていたケージは考えた。

ここでケージは、「構成 construction」という言葉を独特のニュアンスで使っている。一般的に音楽の構成は、音楽を成り立たせている様々な形式、たとえば主題と展開・変奏、あるいはソナタ形式、ロンド形式といった組織を広く含んでいる言葉である。しかし、ケージは「構成」をあくまで音と音の関係に限定している。たとえば十二音音楽の「構成」は、音列の順番によって決められる旋律や和音の組織ということになる。これに対して、曲全体と各部分の関係を示すのは「構造 structure」で、これこそ音楽に欠くことのできないものだと、ケージはのちに考えるようになる。

「椅子が木と布、あるいは金属と皮革からできているのと同じように、家が石、あるいはガラスからできているのと同じように、音楽は音からできている」。個々の音があるがままに鳴っているのが音楽なのだから、音と音の関係ではなく、音そのものをリアルに聴くべきではないか。音楽を聴くことについて真摯に論じたこの文章は、一五年後に初演される《四分三三秒》を予言する発想に満ちている。

ケージはこの発言の後まもなく打楽器アンサンブルでダンスの伴奏音楽を作るようになり、シェーンベルクの圧倒的な影響から抜け出して、自分の進むべき道をみつけることができた。この「反抗期」から一〇年ほどの時を経て、あらためてシェーンベルクの理論を独自の視点から再評価できるようになったケージは、生涯、彼を師と仰ぎ、折に触れてその教えを回想することになる。

John Cage 1937. “Listening to Music.” in Richard Kostelanetz 1993 ed. *John Cage: Writer: Previously Uncollected Pieces.* New York: Limelight Editions, p.19

和声と調性が
音楽に特有のものであるのとは違い、
時間はダンスと音楽の
共通分母でした。

Time was a common denominator
between dance and music,
rather than being specific to music
as harmony and tonality were.

[1965]

ケージは作曲家としてのスタートが遅かった。八歳の頃からピアノのレッスンは受けていたものの、詩を書いたり、牧師になろうと思ったり……。大学を中退して遊学したヨーロッパでも最初はハンガリー出身の建築家ゴルドフィンゲル・エルネー（一般にエルノ・ゴールドフィンガーとして知られる）のもとで仕事をしたが、「建築家になるためには建築だけに生涯を捧げなければならない」と彼がいうのをきいて、決心がつかずに辞めてしまう。その間も詩と絵画の創作を続けながら、ラザール・レヴィからバッハの曲でピアノのレッスンを受けたり、パウル・ヒンデミットの曲を弾いたり、演奏会でアレクサンドル・スクリャービンやイーゴリ・ストラヴィンスキーなどの近現代の作品を聴いて、音楽への関心をもち続けていた。一九三一年の八月から九月にかけて訪れたマジョルカ島で、ケージは生涯で最初の曲を作っている。

帰国してからとくに音楽院や音楽学校での専門教育を受けることはなかったが、ピアニストや作曲家から個人的にレッスンを受けたのち、ヘンリー・カウエルのもとで現代音楽と民族音楽の知識を蓄え、二三歳になった年からアーノルド・シェーンベルクのホームレッスンや大学の講座に通うことになる。

ヨーロッパ滞在中とは異なり、作曲に本腰を入れるようになって、初期はシェーンベルクの十二音技法を模倣した二十五音音階に基づく器楽曲を書いた。だが、無名の作曲家による難解な曲を演奏してくれる人など誰もいない。実際、ケージはロサンジェルス・フィルのクラリネット奏者に電話してクラリネットの独奏曲の演奏を依頼したが、けんもほろろに断られたという。

ところが、である。ある日、カリフォルニア大学のモダン・ダンス・グループから声がかかった。彼らはダンスのために音楽を作曲し、伴奏してくれる音楽家を探していたのだ。もしかすると、ケージが前年に書いた打楽器音楽のことをききつけたのかもしれない。ケージは喜んで参加した。そして、モダン・ダンスのための音楽をどのように構成するべきか、真剣に取り組んだのである。

シェーンベルクのレッスンの中で、とくにケージが強く心にとめたのは音楽には「構造 structure」が必要だということだった。伝統的な音楽は音高に基づく和声や対位法が音響に構造をもたらしていたが、当時、ケージが書き始めた打楽器音楽はほとんどが特定の音高をもたない打撃音ばかりで、これをまとめるためには音高ではなく時間に基づく構造が必要だと考えた。そこで作品全体を部分に分割する「リズム構造」を考案し、曲ごとに分割の数の比を決めて、作曲を進めることにした。このリズム構造は、一九五〇年代初頭の偶然性の音楽にいたるまで使い続けられることになる。

時間に基づくリズム構造はモダン・ダンスの伴奏音楽としても好都合だった。ケージは、ダンサーが感情のレヴェルで音楽を解釈しなければならないという前提をくつがえし、音楽家が使っているのと同じ時間の構造でダンスを作ることを可能にした。ダンサーと音楽家はお互いに独立して創作し、「純粋に仮想的な意味での成果にいたる」ことができたのである。

その後、ケージはシアトルのコーニッシュ・スクールでボニー・バードのモダン・ダンス講座の作曲家・伴奏者となり、やがてカニングハム・ダンス・カンパニーの音楽監督に就任する。ケージの音楽家としての人生にはいつも、傍らにモダン・ダンスがあった。

↗

Michael Kirby and Richard Schechner 1965. "An Interview." in Richard Kostelanetz 1991 ed. *Conversing with Cage*. New York: Limelight Editions, p.191

打楽器音楽は革命である。（…）
こんにち、私たちは音響とリズムの
解放のために闘っている。
将来、私たちは電子音楽を耳にして、
自由を聴くことになる。

Percussion music is revolution…
Today we are fighting for their emancipation.
Tomorrow, with electronic music in our ears,
we will hear freedom.

[1939]

音楽を「組織化された音響」と考えるエドガー・ヴァレーズが出世作《イオニザシオン》を初演したのは、一九三三年三月六日、ニューヨークのカーネギーホールでのことである。コンサートで演奏される曲目で、打楽器のみの編成で書かれた、ごく初期のもので、一三人の演奏家が三七種類の打楽器を叩く（歴史上初の打楽器作品はキューバの作曲家アメデオ・ロルダンの《リトミカ第五番》だとされている）。二台のサイレンを含む打楽器群からは多彩な衝撃音が放たれ、リズムと音響エネルギーによって展開される音楽は「電離」、つまり原子や分子がイオンになることを意味するタイトルのイメージとぴったりだ。彼はのちに自分の創作の目標を「常にサウンドを自由にして、音楽を世界のあらゆる音響に開くことだ」と述べている。

この画期的な作品が初演されたころ、ケージはカリフォルニアでピアニストのリチャード・ビューリックに作曲の手ほどきを受けながら、小さなピアノ曲や歌曲を書いていた。一九三六年ごろ、初めての打楽器作品である《四重奏曲》を作曲。引用文が含まれている文章では「革命の現段階においては健全な無法性は保証されている。ブリキなべや茶碗、鉄パイプなど、手にすることのできるものなら何でも叩いて、必ず実験が行われなければならない」とも述べていて、その後もサンダーシートやカンカラ、水に沈めながら叩くウォーター・ゴングなど、めずらしい楽器を自分の作品に積極的に取り入れている。《居間の音楽》のように机や電話帳など居間にあるものなら何でも良いという楽器指定で、身の周りのものを打楽器として扱った曲もある。

芸術作品としての打楽器音楽は二〇世紀の発明だ。そこには音高に基づく音階や和声によって音楽を組織化してきた伝統と訣別する意図があった。新たな組織化の基礎となる音響とリズムの解放こそ、ケージがヴァレーズから受け継いだ方向性だ。そして彼らは打楽器音楽の先に電子音楽を見据えていた。

ちなみに、ケージの打楽器音楽に新たな音響の組織化という意義をもたらしたのがヴァレーズだとすれば、この組織化の正統性を裏付ける精神的な理念を示したのは実験映像作家のオスカー・フィッシンガーである。一九三六年の初春、ケージをアルバイトとして雇ったフィッシンガーはこんなことを語った。「世界のすべてのものにはそれ自身の精神が宿っている。ものを振動させることで、この精神は耳に聴こえるものになる」。この発言に天啓をうけたケージはそれ以来、打楽器音楽の真の意味に目覚め、生涯にわたって身の周りのものを触っては音を鳴らし、世界を探求し続けた。

一九八九年、ケージは第五回京都賞を受賞して来日した。音楽学者で日本におけるケージ研究の第一人者である庄野進が、東京から京都まで新幹線でケージに同行した時のことである。ちょうどお昼どきで二人は駅弁を買い込んだ。ところが、ケージはなかなか食べようとしない。どうしたのかと思ったら、彼はにこにこしながら、お弁当を包んでいた紙を耳元でくしゅくしゅと鳴らして、「いい音がする」と聴かせてくれたという。

↗

John Cage 1939. “Goal: New Music, New Dance.” in *Silence: Lectures and Writings.* Middletown, Connecticut: Wesleyan University Press, 1961, p.87

私の信じるところでは、（…）
ノイズを使って音楽を作ることは、（…）
これからも引き続き増えていき、
ついには電気的な手段の助けを借りて
生み出される音楽へと到達する。

I BELIEVE THAT THE USE OF NOISE [...]
TO MAKE MUSIC [...]
WILL CONTINUE AND INCREASE UNTIL WE
REACH A MUSIC PRODUCED THROUGH
THE AID OF ELECTRICAL INSTRUMENTS

[1937]

二〇一〇年に封切られたスウェーデン・フランス合作映画『サウンド・オブ・ノイズ』（オーラ・シモンソン、ヨハンネス・ファーネ・ニルソン監督）は神出鬼没の音楽テロリストたちが活躍するコメディである。ある時は病院の手術室。メトロノームに合わせて医療機器や手術道具で音を鳴らし、患者の体を叩いてリズムを刻む。ある時は銀行。息をのむ店員たちを前に、新札をざくざくと切る音を響かせて、スタンプを押す。また、ある時はコンサート会場前の広場。ブルドーザーで乗り付け、大きな振動音をたてながらコンクリートをリズミックに破壊する。やがて送電線を使い、街中を巻き込んでの壮大なフィナーレへ。日用品から公共インフラまで、街のありとあらゆるものを叩いたり壊したりして発したノイズを音楽にしてしまう。その奇想天外なアイディアが愉快だ。

「騒音の芸術」を謳ったイタリア未来派の作曲家ルイジ・ルッソロが、「イントナルモーリ」という名の騒音楽器を作ったのは一九一三年。それから一世紀あまりたった現在、ノイズ・ミュージックは一つの潮流となっている。工事現場の重機や金属のスクラップなどから発せられるノイズを楽器音とともに響かせるアインシュテュルツェンデ・ノイバウテンから、ターンテーブルでノイズを作り出し、アンサンブルに重ねる大友良英、ＣＤの盤面をフェルトペンで汚すＯＶＡＬことマーカス・ポップや傷をつけて音飛びを発生させる利根康尚《とねやすなお》まで、スケールはまちまちだが、ノイズを積極的に聴く感性は着実に育ったと言っていい。ノイズの大衆化を暗示する『サウンド・オブ・ノイズ』はその傍証でもある。

ケージは一九三七年、シアトルで行ったレクチャー「音楽の未来：クレド」で、環境音を自由に取り込んで創作する実験的な音楽のためのセンターを設立するべきだと主張した。そして、電気的な手段によって、「聴くことのできるありとあらゆる音は、音楽的目的のために利用可能となるだろう」と考え、センター設立を実現するための資金を募る手紙も各所に送っている。だが、ケージの発想はあまりにも早すぎた。どこからも協力は得られず、彼の計画は実現しなかった。

イントナルモーリができたのち、テルミンやオンド・マルトノ、トラウトニウムといった電子楽器が次々と作られ、新たな音素材の開発は盛んになった。電気的手段の拡張は第二次世界大戦後、パリ、ニューヨーク、ケルンに始まる世界の都市に電子音楽スタジオが開設されたことでさらに勢いを増す。それは磁気テープ、シンセサイザー、コンピュータを用いた音楽へと発展し、いまや小型のパソコンが一台あれば「ありとあらゆる音は音楽的目的のために利用可能」となった。

引用文のケージの予言はぴたりと的中した。だが、現代の音楽状況は、果たして彼の期待していたとおりだろうか。確かにありとあらゆる音を自由に音楽で使えるようになった。だが、それらを利用した音楽がそれほど革新的に響いているとも思えない。おそらく問題は手段ではなく、それを用いる作曲家の創作理念にあるのだろう。

John Cage 1937. "THE FUTURE OF MUSIC: CREDO." in *Silence: Lectures and Writings*. Middletown, Connecticut: Wesleyan University Press, 1961, p.3

まちがっているのは私じゃなくて、
ピアノだと判断した。
私はピアノを変えてしまうことにした。

I decided that what was wrong was not me but the piano.
I decided to change it.

[1972]

考えてみると、グランド・ピアノはきわめて一九世紀的な楽器だ。ヨーロッパの貴族や裕福な市民がサロンで演奏を聴き、自ら趣味として奏でた楽器というイメージがあって、当時作曲されたショパンやリストらロマン派の楽曲にふさわしく、透明で華やかな高音と深い低音を鳴らすことができる。やがて鉄製のフレームにかなりの力で弦を張ることで、ホールでの演奏が可能なほど音量は大きくなった。今では平均律で調律され、できる限り個々の鍵盤に対応した音色が同じになるように改良されている。管楽器のような単旋律楽器ではなく、メロディーとハーモニー、複数のメロディーを同時に奏でることができ、滑らかに音を紡いでいくことも可能だ。

二〇世紀にはこうしたピアノの特徴をあえて壊すことによって、新たな音楽を模索する試みが始まった。一九世紀的な芸術音楽から抜け出すためには楽器そのものを変えてしまえ、というわけだ。アメリカの作曲家ヘンリー・カウエルは一九一〇年代から二〇年代にかけて、クラスター（音群作法）とストリング・ピアノ（内部奏法）を使った実験的なピアノ曲を書いている。

クラスターは第二次世界大戦後にオーケストラで用いられ、広くインパクトを与えた技法で、隣接する複数の音を同時に鳴らして、それらを一つの音群として扱うものである。一九六〇年前後になってからリゲティ・ジェルジュの《アトモスフェール》やクシシュトフ・ペンデレツキの《広島の犠牲者に捧げる哀歌》で使われたことによって新奇な作曲法として注目を集めるが、その先例は半世紀近く前のカウエルのピアノ曲にあった。

ストリング・ピアノとはピアノの弦そのものを操る奏法で、ハープのグリッサンドや弦楽器のピチカートのような多彩な発音方法により、鍵盤を叩いて鳴らす透明で均質な音とは異なった響きを生み出すものだ。初めてこの奏法が用いられたのはパーシー・グレンジャーの曲で、ピアノの弦をマリンバのマレットで叩く指示だった。カウエルは一九二〇年代に集中してストリング・ピアノに取り組み、《エオリアン・ハープ》や《バンシー》などの曲で用いたほか、一六五種類に及ぶストリング・ピアノの奏法を著作で紹介している。

そして、ケージが一九四〇年、ピアノの音の質を変えようと、カウエルの先例を念頭に発明したのが「プリペアド・ピアノ」である。訳せば「準備されたピアノ」。当時、シアトルのコーニッシュ・スクールでボニー・バードが担当するダンス・クラスの伴奏を務めていた彼は、シヴィラ・フォートというバードの学生から本番の三、四日前にソロ・リサイタルのための音楽を作曲してほしいと頼まれた。アフリカを題材にした内容で、いつものような打楽器アンサンブルがよく似合うダンスだったが、会場に行ってみると演奏空間が狭い。仕方なく、ホールに備え付けのグランド・ピアノを使うことになった。当初はアフリカ風の十二音音列を使ったピアノ曲を作ろうと試みたが、うまくいかず、そのうち思い出したのがカウエルの試行だった。

そこで、ケージはピアノそのものを変えてしまおうと考えた。カウエルの失敗を踏まえて、素材が跳ねたり外れたりしないよう、ネジ釘やボルト、ゴムやフェルトなどを複数の弦の間に挟みながら、一台のグランド・ピアノから何種類もの打楽器的な音色を生み出す魔法の楽器、プリペアド・ピアノを発明したのである。

引用文は一九七二年、リチャード・バンガーの著書『ウェル・プリペアド・ピアノ』への序文として書かれた文章の一部である。即興的な思いつきから発明されたプリペアド・ピアノは誕生から三二年の時を経て、すっかり市民権を獲得していた。

John Cage 1972. "How the Piano Came to be Prepared." in *Empty Words: Writings '73-'78*. Middletown, Connecticut: Wesleyan University Press, 1979, p.7

二台のプリペアド・ピアノの方が
打楽器より規模が大きく
柔軟性に富んだ表現方法ですし、
結果はずっと独創的で
私らしいものになるでしょう。

This will provide a larger
and more flexible medium than percussion,
and the result would be more original
and characteristically mine.

[1945]

ケージの作品表を眺めて、あらためて感心するのは、ケージが決して裕福でなかったにもかかわらず、単なるお金稼ぎのための作曲をしなかったことだ。もちろん企業から声をかけられ、作品を携えて行ったら断られたというエピソードもあるので、彼の作風がそもそも大衆に受け入れられるスタイルからほど遠いものだったことも理由の一つだろう。映画『レッド・ヴァイオリン』でアカデミー賞音楽賞に輝いたジョン・コリリアーノや、ゴットフリート・レジオ監督の「カッツィ三部作」で名をはせたフィリップ・グラスのようなスタイルだったら、自然にハリウッドでの活躍もありえたのかもしれない。

しかし、ケージには強い信念があった。自分らしいもの、自分が表現したいものを作曲する。たとえお金が稼げたとしても、自分らしくないものは作るべきではないと、彼はのちに若い人たちに向けてメッセージを発信している。引用文は一九四五年五月二六日にルース・ペイジに宛てた手紙の一節である。バレエ・ダンサーでプロデューサーでもあったペイジが、エドガー・アラン・ポーの詩「ベル」に基づくダンスのために打楽器アンサンブルの曲を依頼してきたのに対して、二台のプリペアド・ピアノのための曲を書きたいと申し入れている。

同じ手紙で、ケージは金額の条件も書いていて、パフォーマンスに関する権利として基本的に一分あたり三〇ドルで契約時に半額、作品の完成後、初演までに残りの半額がほしいこと、放送や映像を撮影する権利はないこと、そして、二回目以降のパフォーマンスに関しては、二五ドルの対価を請求している。これに対するペイジの六月二日の返信を読むと、当時の作曲料がどの程度だったのかがわかる。ペイジによると、三〇分から三五分の楽譜に対して、最も高価な作曲家を除くと、たいていは五〇〇ドルか六〇〇ドルの基本料と、上演ごとの二〇ドルもしくは二五ドルのロイヤリティを受け取り、ロイヤリティは一〇〇〇ドルまでが上限だった。バレエではいくら大きなものでも、三五ドル以上のロイヤリティを受け取ることはむつかしく、二五ドルが適当だと述べている。

ところが、六月二二日付の手紙で、ペイジはオーケストラのほかにピアノを二台置く場所がないから、テルミンのような電子楽器はどうか、さもなければオーケストラ用に編曲してもらえないかと言ってきた。ケージはそれに答えて、たとえば当初ペイジが依頼してきたように、打楽器（ベル）をテーマにしているバレエに打楽器音楽を書くというアイディアは好きではないと返事をしている。プリペアド・ピアノのための曲を聴いて、自分の音楽を気に入ってくれたのに……と悔しい気持ちも滲ませていたが、ペイジの要求をのんで妥協することはせず、結局、この話はまとまらなかった。

ダンスのための音楽を書きながら、レストランでの皿洗い、工場での製本作業や、オスカー・フィッシンガーの映画の音作り、発明家の父親の資料探しなど、三〇代も四〇代もケージはアルバイトで生活費を稼ぎながら、自分の信じる音楽を作った。ケージがキノコ狩りの名手になったのも、はじめは食べられない頃の食材探しがきっかけだったという。おそらく作曲と演奏だけで生計がたてられるようになったのは五〇代からだったのではないだろうか。こうした彼の一徹ぶりには、プロテスタントの一派で几帳面で知られるメソジスト派の牧師だった祖父から受け継いだ生真面目な性格が感じられる。

↗

John Cage's letter to Ruth Page. handwritten, May 26, 1945. Ruth Page Collection at New York Public Library, MGZMD16 45C7 Gift of Ruth Page

私はいくつかの新たな野望を抱いている。
第一に、さえぎられない沈黙の曲を作り、
ミューザック株式会社に売ることである。

I have, for instance, several new desires [...] :
first, to compose a piece of uninterrupted silence
and sell it to Muzak Co.

[1948]

「ミューザック」とは今で言うBGMのことである。ケージは沈黙の曲を「缶詰音楽」（ケージがレコードを揶揄した呼称）の標準的な長さである三分もしくは四分三〇秒で作ろうと考えたが、おそらくミューザック株式会社に売ると書いたのはささやかな皮肉だろう。以前、とある株式会社に呼び出され、自分の作品を聴いたうえで仕事断られたことが、ケージの中に苦い経験として残っていた。

引用した言葉はケージ自身が《四分三三秒》の構想に触れた最初の発言で、初演の四年前に遡る。タイトルは《黙祷《もくとう》》とするつもりだと述べている。このとき作曲家の脳裏にあった「沈黙」とは完全な無音、つまり真空の内部のように音が何もしない状態のことだった。「さえぎられない」という言葉にそのイメージが現れている。

しかし、一九五一年か五二年にハーバード大学の無響室に入って、彼は自分の体から発せられている小さな二種類の音を聴く。一つは彼の神経系の器官が働いている音、もう一つは循環器系の器官が働いている音だと教えられた。つまり、どちらもケージ自身の体の内部から発せられた音だったのである。この体験を通じて、彼は聴く人がいる限り完全な無音としての「沈黙」は存在せず、あるのは誰も意図的に音を発していない「沈黙」なのだと考えるようになる。

こうしてケージの最も有名な作品《四分三三秒》は、一九五二年八月二九日、ニューヨーク郊外のウッドストックにあるメイヴェリック・コンサート・ホールで、ピアニストのデヴィッド・テュードアによって初演された。当夜はテュードアによる現代音楽のリサイタルで、プログラムにはヘンリー・カウエルの《バンシー》やモートン・フェルドマンの《エクステンション第三番》、アール・ブラウンの《ピアノのための三つの小品》などが並んでいた。いよいよ《四分三三秒》の順番となり、ステージに登場したテュードアは通常どおり、開けたままになっている鍵盤の蓋を閉めた。一音も奏でないまま、ストップ・ウォッチで時間を計り、楽譜をめくっていく。三三秒ののち、蓋を開ける。ふたたび蓋を閉めて、二分四〇秒が経過したら蓋を開ける。まもなく客席は騒がしくなり、「こんな会場からすぐに立ち去ろう」と叫ぶ者も出てくる。ちょうど雨が降っていて、外の木々が揺れたり、雨粒が屋根にあたったりする音が会場でも聞こえていたと言う。最後は蓋を閉めてから一分二〇秒が過ぎ、全体で四分三三秒が経過したところで、蓋を開けて、演奏は終わった。ちなみに楽章の区切りを示すため、鍵盤の蓋を開け閉めすることを提案したのはテュードアだったらしい。ピアニストがいかなる音も奏でていないことを、視覚的にも示したのである。

このパフォーマンスが果たして音楽と言えるのか。その価値については今日にいたるまで議論が尽きない。作曲家の意図は「沈黙に耳を傾ける」ための仕掛けにあった。

つまりピアニストがステージに登場すると、聴衆はピアノの音に集中しようと耳をすます。しかし、ピアノからは一音も発せられないので、自ずと他の物音が耳に届くようになる。このとき、ケージが考えていた「沈黙」とは、人が意図して音を発していないことを意味している。人は沈黙する。だが、そこには様々な音が犇《ひし》めいている。この多種多様な音に耳を傾けることがこの作品の核心である。

↗

John Cage 1948, "A Composer's Confessions." in Richaed Kostelanetz 1993 ed. *John Cage: Writer: Previously Uncollected Pieces.* New York: Limelight Editions, p.43

私は短い沈黙をまとめることによって、
個々の楽章を作り上げた。

i built up each movement
by means of short silences put together

[Unknown]

ケージの《四分三三秒》の楽譜には三つの書式がある。一つは一九五二年の初演で用いられた大譜表、もう一つがその翌年に作られた、白紙に六本の縦線が入っている楽譜、残りの一つが一九六〇年に印刷譜として広まった「I.Tacet　II.Tacet　III.Tacet」と記された楽譜である。演奏家が何も音を出さない、わずか四分半の曲がどう書かれていようと、違いはあるまいと思うのが普通の反応だろう。でも、そう判断するのは早計だ。楽譜は作曲家が考えていることを鏡のように映してしまう。「沈黙」の曲でもそれは同じなのである。

初演で使われた楽譜は、ふつうピアノ曲で用いる大譜表で、ト音記号が書かれた五線とへ音記号が書かれた五線が上下に重ねられ、大きな括弧で結ばれている。小節線で区切られた大譜表が上から下へと並んでいるが、どこにも音符がないばかりか、休符すらない。楽譜の最初に「60♩ ＝ 2 1/2cm」と書き込まれているのは、一分間に六〇回という速度の四分音符が、楽譜上では二センチ半の長さに対応しているということである。こうした時空間が比例する楽譜の書き方を、ケージは当時、他の曲でも用いている。

演奏家は何も音を出さず、逆に意識して無音にすることもないので、音符も休符もない。記された時間が経過する間、意図しない音で満ちた「沈黙」が聴こえているのである。

引用文はこの楽譜を書き上げたとき、どのように作ったのかを語った一文である。『I－VI』に含まれているがこれが書かれた年は明らかではない。《四分三三秒》は当時作られた他の曲と同じく、占いを用いる方法で作曲され、ここでは手作りのタロット・カードに時間の長さを書き入れて占った。沈黙の長さを一つ一つカードで占って決め、加算していった結果、三楽章の合計が四分三三秒になったというわけだ。これほど手間をかけて作られたことは初演当時から現在にいたるまで、あまり知られていない。沈黙の作品を発表することに躊躇《ちゅうちょ》して、カード占いの作業が滞っていたケージに、テュードアが自分のリサイタルの日時を示して、早く仕上げるよう促したという。

大譜表は意図して発せられた音はなくとも、ノイズで満ちた「沈黙」が続くことを示している。つまり、初演の楽譜は伝統的な楽譜と同じく、音響状態そのものを時間の経過にそって記譜したものだった。

翌年、友人へのプレゼントとして作った白紙の楽譜は、紙の中にある不完全性（キズやシミ）を音として解釈する偶然性の方法と類似している。時間と空間が対応した楽譜で、これもまた、楽譜の上に音響の状態を記したものと言っていい。

ところが、最初の印刷譜である「Tacet」版は根本的に発想が異なる。Tacet（タチェット）とは古典的な作品でも使われる音楽用語で、「休み」を意味している。楽章ごとに「休み」と指示されているわけで、ここには時間の経過を表象するものは何もない。あくまで演奏家に音を出させない「休み」という行為を示した楽譜なのである。

　この「Tacet」版の楽譜が出版されたころ、ケージはいろんなパターンの図形楽譜を好んで書いていた。彼の図形楽譜は音響そのものを記しているのではなく、演奏家に対する行為の指示として書かれている。当時、ケージの音楽的創意は音響像から離れて、音響が生まれる行為へと注がれていたのだ。こうした関心の推移が、《四分三三秒》の楽譜の変化に投影されている。

John Cage 1990. *I-VI*. Cambridge, Masachusetts: Harvard University Press, pp.20-21

芸術は作用方法において自然を模倣する。

Art is the imitation of nature in her manner of operation.

[1961]

この言葉は一九四〇年代終わりから五〇年代にかけて、ケージの創作を方向づけた重要なモットーである。引用文は一九六一年五月の『メトロ』誌に掲載された「芸術家ロバート・ラウシェンバーグとその作品について」の中の一文で、すぐあとに「さもなければ芸術は罠だ」と続く。このほかドキュメンタリー映像でもケージ自身が「自然を作用方法において模倣する imitate nature in her manner of operation」と語っているカットが残っている。五〇年代には折に触れてこの言葉を語り、自らの指針とした。

じつはこの言葉には元ネタがある。ケージは猛烈な読書家だが、四〇年代末には東洋の思想や芸術に関する本を次々と読んでいた。その中の一つが一九三四年に出版された『美術における自然の変容』という一冊。著者のアーナンダ・クーマラスワミーはスリランカのタミル人とイギリス人の間に生まれ、英語とアジアの諸言語に通じ、アジアの美術を西洋に紹介する役割を果たした評論家である。ケージのモットーの元になったのはこの本の第一章で、インド、中国、日本の芸術における「表象」と「模倣」について記述されている部分。「アジアの芸術が数学的な意味で、つまり外観 appearance ではなく作用 operation において、自然のように理想的であることを見いだすだろう」という一文だ。

芸術を「自然の模倣」とする考え方は当時でも目新しいものではなかった。そもそも古代ギリシャにおいてプラトンやアリストテレスは模倣を人間の基本的な欲求と考え、芸術はそれを洗練させたものだと主張したのではなかったか。だから、ここで重要なのは「その作用方法において」というフレーズである。模倣と言っても、対象をそっくり写すのではない。それは外観における模倣にすぎない。数学は形を数式で示す。一連の数式は視覚的には一向に形の表現には見えない。しかし、まさにその数式がもつ作用こそが、模倣しようとする対象の表現となっている。芸術も表面的な模倣ではなく、人に働きかける作用を模倣したら、自然のように理想的なものとなる。

「外観における模倣」は音楽史にいくつも事例がある。たとえば、ベートーヴェンの交響曲第六番ヘ長調「田園」では第二楽章の終わり近くで、鳥のさえずりを模倣する。フルートがナイチンゲール、オーボエがウズラ、クラリネットがカッコウの声をまねるのだ。ケージはそんな風に似た音の形を作るのではなく、たとえば、森のなかで鳥のさえずりがふいに耳を捉えるのと類似の感覚を呼び起こす仕掛けを考える。音群がふいに現象する方法を作るのである。

演奏家の身体の動きを構成する、音を出す行為のためのルールを作る、電子的なサウンド・システムをデザインする……ケージは偶然性・不確定性に基づく多様な方法を考案し、「作用方法における自然の模倣」を実現した。できあがった音響像ではなく、作用方法をコンポーズしていくという考え方は現代の創作に直結するテーマだ。

John Cage 1961. "On Robert Rauschenberg, Artist, And His Work." in *Silence: Lectures and Writings*. Middletown, Connecticut: Wesleyan University Press, 1961, p.100

ブラック・マウンテン・カレッジの場合、
芸術は大学とうまく共存できた。
まさにそこにあったものこそが、
芸術だったのだから。

In the case of Black Mountain College,
the arts were very compatible with the university
because that's what was there.

[1969]

ノースカロライナ州西部の山間地帯に作られたブラック・マウンテン・カレッジはアメリカ芸術史にとって重要な拠点の一つである。一九三三年、ジョン・アンドリュー・ライスによって創立され、一九人の学生と九人の教師でスタートしたが、全体の規模としては常に学生総数一〇〇人以下のレヴェルで推移している。最終的には経営が破たんして、わずか二三年で歴史を閉じることになるのだが、芸術を専門とする大学ではないにもかかわらず、そのユニークな教育方法によって、芸術の分野において特筆される場となった。

教育の目標は自発的な決定能力を養うこと、教育の内容は知識の伝達ではなく、生活体験のすべてとされた。当時、アメリカでいくつも誕生した実験的な教育機関の一つで、何もない田舎に校地を設け、共同生活をしながら教育を行う方法は、一九世紀末、ドイツで始まった田園教育や二〇世紀初頭にジョン・デューイらが主張した進歩主義教育を原型とする新教育運動の一環に位置づけられる。学問の自由を目指し、学校組織においても理事や総長、学部長を置かず、教師が評議員を選び、そのメンバーの一人が学長をつとめた。

卒業所要単位に縛られた現代日本の大学生とは違って、そもそも授業に単位はない。学年の別もなく、ともに暮らし、ともに建物を建て、ともに農場を耕し、自分たちの文化イベントをほとんど自分たちの手で行った。カリキュラムには薪割《まき》りやテニス・コートの整備などのワーク・プログラムが組まれ、コミュニティでの責任感や日常生活に対応する現実的な能力を育てようとした。その意味ではアカデミックな大学よりも共同体のイメージに近い。

こうした目標のもとに、美術、音楽、演劇といった芸術は教育の中心に据えられた。ブラック・マウンテン・カレッジは正規の大学として公式に認められた学校ではないが、これが芸術教育のための大学のあるべき姿ではないかと、ケージをはじめとする多くの芸術家たちは考えた。さらに亡命芸術家へと門戸を開き、ヨーロッパの前衛芸術を積極的に吸収したのは興味深い。創設まもない大学の芸術教育を方向づけたのは、ベルリンのバウハウス閉鎖を機にアメリカへ移住し帰化したジョゼフ・アルバースだった。カリキュラムの作成を依頼された彼は、芸術が生活の精神的ドキュメントであるとする理念に従って、美術の革新的なプログラムを作り上げている。また、アルバースの誘いで演劇の教師として籍を置いたクサンティ・シャヴィンスキーも、ベルリン閉鎖後に移転したデッサウのバウハウスでオスカー・シュレンマーの舞台工房に関わっていた人物で、光と舞踊とパントマイムを結びつけた「全体体験」としての演劇を展開した。こうした人選からは創立者たちが抱いていたヨーロッパ芸術への強い憧れと、それとは裏腹の、アメリカの文化的独立への願いが感じられる。

ケージが最初にここを訪れたのは一九四八年の四月三日から八日までの五日間。ダンサーのマース・カニングハムとのツアーを企画していて、ブラック・マウンテン・カレッジに手紙を書いたら、宿と食事しか提供できないが、それで良ければ来てくれということになった。ケージはいつも学生たちに取り囲まれて質問攻めにあった。車で大学を離れようとしたとき、学生や教師が感謝の気持ちを込めて、車の下にものすごく多くのプレゼントを置いてくれたことに気づいたと、ケージはのちに楽しそうに回想している。このとき、アルバースから同じ年、一九四八年の夏期講習に来てほしいと要請された。

こうしてケージとカニングハムが訪れた一九四八年と五二年の夏期講習は、キャンパスを騒然とした嵐に巻き込むことになる。

John Cage 1969. “The University and the Arts: Are They Compatible?” in Richard Kostelanetz 1991 ed. *Conversing with Cage*. New York: Limelight Editions, p.249

すぐに、はっきりと答えよう。
ベートーヴェンは間違っていた、
そして彼の影響は嘆かわしいほど大きく、
音楽芸術を台無しにしてきたのだ。

I answer immediately and unequivocally,
Beethoven was in error, and his influence,
which has been as extensive as it is lamentable,
has been deadening to the art of music.

[1948]

芸術家の卵であれ、駆け出しの研究者であれ、若い頃、論争の場に身を置く重要性はどんなに強調してもしすぎることはない。大学では高校までの学びとは異なり、既存の方法を学んだり、既存の技法を体得したり、既存の知識を詰め込んだりすることよりも、新たなテーマを見出し、これまでの方法や技法を発展させ、あるいは逸脱して、知識を問い直すことに重点が置かれる。それこそが学びの醍醐味だ。独自の価値観を育む上で、大学在学中に多様な価値観のぶつかり合いを体験することは、自分自身をみつめなおす良い機会となる。

一九四八年の夏、ブラック・マウンテン・カレッジでは滞在していた人たちすべてを巻き込む、スキャンダラスな論争が起こった。きっかけは夏期講習の講師として滞在していたケージが行った「エリック・サティの音楽によるアマチュア・フェスティヴァル」である。二五回に及ぶ三〇分ほどの短いコンサートを通じて、当時、ケージが夢中になっていたサティの曲を紹介し、ダダイスティックな音楽劇《メドゥーサの罠》を上演する企画。さらにケージを夏期講習に招いてくれたジョゼフ・アルバースの提案を受け、サティの音楽に関するレクチャーを行った。その中で語られた引用文の発言が大きな火種となる。同じキャンパスで開かれていた音楽の夏期講習のテーマは何とベートーヴェンの三二曲のピアノ・ソナタだった。この状況でベートーヴェンの偉業を否定し、ウェーベルンとサティの音楽を称揚するケージのレクチャーは挑戦状と受けとめられたのだ。

主張は簡単だ。ケージは音楽とは「構造」、「形式」、「方法」、「素材」の四つの要素を統合したものであると説いた上で、その一つ一つについて芸術家たちが合意すべきか否かを論じる。つまり、作曲のなかでどの要素を規則にのっとって決定し、どの要素を自由にまかせるのかということを説いたのである。「構造」のように意識的な決定を必要とする事柄については、作品ごとに客観的な法則や数値を提示しなければならないのに対して、「方法」も「素材」もおのおの異なっていることが望ましいし、「形式」はまったくの成り行きにゆだねることができる。したがって、唯一、構造のみ音楽に関わる人たちの意見の一致が必要だと結論づける。そして和声によって構造を決定したベートーヴェンに対して、時間の長さによって構造を考えたウェーベルンとサティははるかに問題の本質に近づき、音楽の真実を再発見したと言うのである。ノイズや電子音を含むあらゆる音を素材として音楽を作ろうとしていたケージが、和声ではなく時間に基づく構造を主張したのはごく自然なことだったが、ベートーヴェンをやり玉に挙げたのは血気盛んだった三〇代のケージらしい。

同じ時期、カレッジのキャンパスには建築家で思想家、発明家のバックミンスター・

フラーも滞在していた。彼の回想によれば、毎朝、ケージやマース・カニングハムとともに食事をとり、一緒に愉快な架空の学校を考えて楽しんだと言う。何でもかんでも終わりにするという教育なので「終了学校 finishing school」と名付けた。本来は「花嫁学校」という令嬢に行儀を教える学校という意味だが、これをもじったのだろう。誰が何を教えるかを決めて、すてきなポートフォリオまで作ったらしい。ベートーヴェン対サティの大論争、架空の「終了学校」をめぐる愉快な対話、題名役をフラーが演じた《メドゥーサの罠》のアメリカ初演……。一九四八年の夏、ブラック・マウンテン・カレッジでは教師も学生も熱い思いをたぎらせていた。

John cage 1948. "Defense of Satie." in Richard Kostelanetz 1991 ed. *John Cage: An Anthology*. New York: Da Capo Press, Inc. p.81

ハプニングはブラック・マウンテンでの
状況から生まれたものです。
そこには多くの人がいました。
――マースがいましたし、
デヴィッド・テュードアも、
聴く人もいました。

I think that the Happening business came about
through circumstances of being at Black Mountain
where there were a number of people present -
Merce was there, David Tudor was there, there was an audience.

[1985]

「ハプニング」とは、ある時空間におけるできごとや行為のコラージュを指す言葉で、アメリカの芸術家、アラン・カプローが創始したと言われる。一九五九年にニューヨークのルーベン画廊で行われたカプローの《六つのパートからなる一八のハプニング》で初めて、タイトルとしてこの言葉が用いられた。しかし、そのモデルはすでにクルト・シュヴィッタースのパフォーマンス「メルツ・シアター」など戦前のダダイズムにもあったし、また、ジャクソン・ポロックのアクション・ペインティングとの関連も指摘されている。

ケージもカプローのハプニングに大きな影響を与えたと考えられる。カプローは一九五八年、ニューヨークのニュー・スクール・フォー・ソーシャル・リサーチで教えていたケージのクラスに参加している。このクラスではギターとペーパー・クリップで何をするか、持続のコントロールを指示する一連の数字をどのように作るかといった課題が与えられ、毎週のように受講生はそれぞれの答えをみつけてきた。クラスのメンバーが揃うと、ケージはその日、発表できる人をみつけて、考えてきた作品を演奏させ、そのあと議論するのだが、技術的なことについてはほとんど話題にならず、たいていはその作品の理念がテーマとなった。こうして受講生は自分の作品を作って上演し、互いに論評しあう中から、ケージの偶然性の理論と実践を自然に吸収した。

さらにケージ自身がカプローのハプニングの先駆けとなるパフォーマンスを行っていたことは大いに刺激になったはずだ。

ここで触れられているハプニングは、一九五二年、ブラック・マウンテン・カレッジの食堂で行われたパフォーマンスのことである。アントナン・アルトーの演劇理論をモデルに、中央の空間を四方から取り囲む形で椅子が並べられ、対角線上に通路が作られた。天井から四枚の白く塗りつぶされたキャンバスがつりさげられ、その傍らに白と黒の絵があった。ケージは当日の昼、参加者それぞれに『易経《えききょう》』で占って決定した時間表（何分何秒からアクションを始めて、何分何秒まで続けるかを記したもの）を手渡した。あとは何をしようと自由。夕刻にはカレッジ周辺の住民も集まり、「どの席がよくきこえるかしら」といった会話が交わされていたという。実際、公演が始まると、黒いスーツ姿のケージは梯子《はしご》に上り、マイスター・エックハルトや自分のエッセイを朗読し始めた。マース・カニングハムは客席の周囲で即興的に踊り、チャールズ・オルソンとメアリー・キャロライン・リチャーズは交互に詩を朗読。テュードアはプリペアド・ピアノを弾き、ラジオを操作する。ロバート・ラウシェンバークは手回しの蓄音機で古いレコードを倍速でかけ、自作のフィルムとスライドを壁に投影。こうしたランダムな行為が四五分間続き、最後にはコーヒー・ポットをもった四人の少年が観客のカップにコーヒーを注いで、終わりとなった。
《シアター・ピースNo.1》とも《ブラック・マウンテン・ピース》とも呼ばれるこの上演は、カプローに先立つハプニングのモデルと言える。行為は一種の即興に他ならないが、時間表に基づいて行われるので勝手気ままなアクションとは違う。簡単な規則と行為によって同時多発的にできごとがコラージュされ、参加している人たちはいわば自己と他者があいまいにつながった融通《ゆうずう》無碍《むげ》な状態にあった。一つのイベントで多くの人が相互に浸透しあいながら生を分かち合っていく。ケージが理想とするコミュニケーションがそこにはあった。

Deborah Campana 1985. Interview in manuscript. in Richard Kostelanetz 1991 ed. *Conversing with Cage*. New York: Limelight Editions, p.103

初めてコイン投げをしたとき、
これこれの目が出ればいいのに、
と思うこともあった。

When I first tossed coins I sometimes thought:
I hope such & such will turn up.

[1954]

この一文には『易経』を使い始めたばかりの時期の本音が吐露されていて、微笑ましい。コイン投げのもたらす結果をすべて受け入れようと決意しながらも、内心、この音とか、このリズムが選ばれたらいいなとひそかに思っていたわけだ。

ケージが用いたのはケリー・F・ベインズによる英語版の『易経』で、このテキストにはヘクサグラムというチャート、早見表がついていた。ヘクサグラムは、六芒星と訳すとイスラエルの国旗にデザインされた六つの光が出た星のことであるが、ここでは六つの要素によるチャートを意味する。これは占いの結果が『易経』本文の六四章のどこに相当するかを見つけるための表で、今も日本や中国の易者はこの表を使っている。コインを投げて占うと、陰陽どちらかが偶然に出る。この陰陽二通りの要素を爻《こう》という。この爻を六回、占うので、二を六回、掛け合わせた六四通りの結果となる。この結果をヘクサグラムで『易経』の一から六四の章立てに結びつける。その早見表がケージの目に留まったのだ。念のために言うと、実際はさらに爻が変化する変爻もあるが、その場合もこのチャートを用いる。

そのころケージはちょうど書き始めていた《プリペアド・ピアノと室内オーケストラのための協奏曲》で、準備した音素材（ギャマット）から自分の意志とは関係なく、偶然、選ばれた音や沈黙を織り合わせる目的で、ゲームの規則のように読み取る方法を定めたチャートを使っていたのだが、『易経』のチャートはそれとよく似ていた。こうした偶然の一致もあり、ケージは『易経』を自身の作品に取り入れたのである。

ケージが『易経』から具体的に用いたのは、コインとチャートを使った操作のみである。そもそも『易経』のチャートは後世にできた早見表にすぎない。従って、膨大な解釈の部分を切り離して、ただ六四という数を割り出すチャートのみを使用するのは表面的な応用にすぎないと批判されてきた。確かにそれはそのとおりだ。だが、ケージにとって古来、東洋人が虚心坦懐《きょしんたんかい》に物事の決定をゆだねてきた易占いの手法を取り入れることは、たとえ部分的であっても、偶然に生じる現象を奥深いものと考える東洋の思想に根ざすことを意味していた。

思想史の問題にも遡及しておくと、儒教の経典の筆頭である『易経』はじつは最も儒教的ではない側面を持っていることになる。『論語』で孔子が言ったように儒教は怪力乱神《かいりょくらんしん》を語らない徹底した合理主義倫理である。家族関係の「孝」や人間関係の「仁」を基本的な道徳として、君子としての中庸を内面化させる現実的な思想である。宗教儀礼とも言える「礼」までがこうした道徳を示すパフォーマンスとして理論化されている。不確定なもの、偶然に左右される未来のことを考える易は、歴史的起源から言えば儒教以前の骨や亀の甲を使った占いから発生しているものであって、本来は神秘的であったはずだ。ところが儒教に取り入れられると、『易経』の本文は合理主義倫理で貫かれることになる。つまり、歴史上の事象が引かれ、最後は孝や仁に帰着する道徳的な教訓に結びつくテキストになっているのだ。しかし、『易経』が占いのテキストである限り、いくら儒教の道徳で合理化しようと、偶然性は避けられない。筮竹《ぜいちく》であろうとコインであろうと、怪しい偶然性によって読み解かれる。こうして易は、儒教道徳を超えたものとして、その後の思想や宗教に影響を与えた。だからこそ、『易経』は老荘思想や道教に、日本では仏教や陰陽道に取り入れられていったのである。

↗

John Cage 1954. “45’ for a Speaker.” in *Silence: Lectures and Writings.* Middletown, Connecticut: Wesleyan University Press, 1961, p.163

作曲は「沈黙に音を投げ入れること」
となり、私のソナタでは
一つの呼吸だったリズムが、
いまでは音と沈黙からなる
一つの流れになりつつある。

Composition becomes 'throwing sound into silence'
and rhythm which in my Sonatas had been one of breathing
becomes now one of a flow of sound and silence.

[1950]

一九三五年六月七日、当時二二歳だったケージは旅先のアリゾナ州ユマで、アラスカのロシア正教会の長司祭《ちょうしさい》の娘、クセニア・カシュヴァロフと結婚した。同棲していたドン・サンプルとの関係や、二〇歳も年上のポーリーン・シンドラーとの不倫を解消して、仲睦まじく新婚生活をスタートする。だが、九年あまり後のある日、クセニアは夫が男性のダンサー、マース・カニングハムと、すでに一年もの間、性的な関係をもっていたことを知ってしまう。これがきっかけとなって二人は別居。ケージは《季節はずれのバレンタイン》をクセニアに捧げるなど関係の修復を試みたが、ついに一九四六年一一月二五日、正式に離婚する。

こうした人生の大きな曲がり角を経て、一九四〇年代終わりから五〇年代始めにかけて、ケージの創作は過渡期を迎えた。引用文はケージがピエール・ブーレーズ宛に書いた一九五〇年一二月一八日の手紙の一節である。《プリペアド・ピアノと室内オーケストラのための協奏曲》を第二楽章まで書き、第三楽章に取り組もうとしていた時期で、とくに沈黙（silence）が作品において重要な要素になってきたことを説明している。

引用文の「私のソナタ」とは一九四六年から四八年にかけて作曲されたプリペアド・ピアノのための大作《ソナタとインターリュード》のことだ。この曲集ではリズム構造が以前より精妙に用いられ、音符と並んで休符にもリズム構造の数比が適用されて、作品全体が複雑なテクスチュアを形成している。

それに対して、《協奏曲》ではあらかじめ使われる音素材を確定し、偶然の要素を含むチャートによって順番や配置を決めた。とくに第三楽章では『易経』のチャートを応用し、音素材は六四の要素のうち三二、つまり半数が空白となっていたことから、自然に沈黙の多い曲となった。《ソナタ》ではリズム構造に沿って音楽に躍動感をもたらした音符と休符の関係が、《協奏曲》では偶発的な音と沈黙の戯《たわむ》れとなったのである。ちなみに、このとき、ケージにとって「沈黙」はまだ「無音」と等しかった。「沈黙」が「意図的に音を発していない状態」「無意図的な音に満ちている状態」と再定義されるのは、この後まもなくのことである。

刻一刻と音楽をめぐる考えが変化しつつあった過渡期にブーレーズと文通したことは、ケージにとって大きな刺激となった。一九四九年から五四年までの五年間に往復五〇通ほどの手紙が書かれている。一三歳も年が離れ、美学的主張も相反する二人に親しい時期があったのは意外だが、周囲の無理解にさらされていた彼らが共通の課題に取り組む同志を海外に見出したとしても不思議ではない。実際、二人は自分が開発している新たな作曲法について、手紙に詳しく書き綴った。ケージが突如、複雑なリズムと不協和な音群を多用し始めたのは総音列音楽を考案したブーレーズのリズム法や音階の理論を知ったからに他ならない。わずかな期間ではあったが、彼らは同じハイ・モダニズムの時代を生きていたのである。

Pierre Boulez / John Cage 1995. *The Boulez-Cage Correspondence.* ed by Jean-Jacques Nattiez, trans. and ed. by Rovert Samuels, Cambridge: Cambridge University Press (Reprint), p.78

思うに、問題は多様性を生み出すよう作動するあらゆる特性を、すべて完全に把握することなのだ。

As I see it, the problem is to understand thoroughly all the qualities that act to produce multiplicity.

[1951]

一九五一年の夏、ケージはピエール・ブーレーズへの手紙の中で、《易の音楽》の作曲に使ったチャートの意義について、引用文のように説明している。偶然性の導入を目的としているはずのチャートについて、ケージ自ら「あらゆる要素の把握」を重視しているのは興味深い。つまり、ケージが『易経』のチャートを応用したのは、膨大なリズムや音高の素材から生まれる多様な可能性を、あくまでコイン投げによる易占いという一つのルールに則って管理するためだった。自分の作品で「自然を作用方法において模倣する」、つまり自然がもたらす豊かさと自由を音楽として実現することをめざした彼は、決して音響を野放図にまき散らしたのではなく、どのようにしたら聴く人がふいに耳を傾けるような偶発的な音の組織が可能かを考えていたのである。

結果そのものではなく、それを生み出すプロセスを設計して管理するという手法は、より広い文脈に置きなおしてみると、私たちの生活を様々な場面で快適なものにしてきた。システムのレヴェルで最適化していくという思考法は、たとえば渋滞緩和に関して、直接、道路を増やすのではなく、現在の道路に課金する時間帯を設定して車の流れを分散するといった間接的な解決策を生み出し、成功している。近代の芸術においては、知覚に訴える音響や形象のレヴェルにこそ、作曲家や美術家の創造性や個性が宿っていると考えられてきたが、現代では自由に変化する現象を生み出すシステムそのものの創作に着目する芸術家も増えている。さらに近年、開発が著しい人工知能による創作は、芸術を生成する方法を学ぶアルゴリズムを開発することによって、そのアルゴリズムで生成方法を学習し、進化しながら芸術を生み出すといった段階にまでいたっている。ただし、そこに芸術としての価値を認めるかどうかは、また別の問題だが。

ちなみに、ケージとブーレーズの往復書簡を読むと、二〇世紀の創作を異なる方向へと牽引した二人の作曲家が互いに共感をもっていた様子が伝わってくる。一九五〇年の春から夏にかけて、ブラジル、アルゼンチン、ウルグアイと南アメリカの国々をまわる演奏旅行に出かけたブーレーズは、帰り道でニューヨークに来ないかというケージの誘いを快諾。旅先でビザを申請し、ケージは難航を極めた旅費や三か月分のニューヨーク滞在費の工面にやっと成功したのだが、結局、ブーレーズがブエノスアイレスにいる間にはビザが届かなかったので、直接フランスへと、帰国の途につく。九月から舞台音楽監督を務めていたマリニー劇場との活動を再開することにしてしまったのである。それを知ったケージの落胆ぶり、ブーレーズのバツが悪そうな返信……その間のやり取りはどちらも必死で微笑ましい。

作曲技法の上でも影響関係は明らかだ。前項で引用した一九五〇年の手紙で、《プリペアド・ピアノと室内オーケストラのための協奏曲》でのチャートの使い方をケージが説明すると、ブーレーズは同じリズムについての試みを推進していることに勇気づけられ、すぐに《ポリフォニーX》の構造について書き送っている。さらに翌年五月、今度はケージが『易経』のチャートを応用することを知らせると、八月にはブーレーズが《ストルクチュール》の作曲法を譜例や数字の図表付きで詳述している。ケージは一九四〇年代後半から、音楽の素材となる単音や音群、あるいはリズムの断片を並べて扱う独特の「ギャマット」という手法で作曲していたが、それをチャートと結びつけることで、偶然による音の組織化を実現した。ケージが《易の音楽》で素材とした音高やリズムのギャマットが、ブーレーズの探求から影響を受けていたばかりでなく、ブーレーズもケージの発想に促されて、チャートを応用したのである。

↗

Pierre Boulez / John Cage 1995. *The Boulez-Cage Correspondence.* ed. by Jean-Jacques Nattiez, trans. and ed. by Rovert Samuels, Cambridge: Cambridge University Press (Reprint), p.110

芸術家から街の清掃員まで、
さまざまな人たちが
大いに楽しんでくれたと思う。

Everybody it seems was delighted all the way
from artists to street cleaners.

[1959]

作曲家の書簡集を読むのはおもしろい。作曲の背景や創作の秘策など、作品そのものに関わる情報もあれば、日々の暮らしぶりや周辺との人間関係、そして作曲家の人柄まで伝わってくる。モーツァルトしかり、ショパンしかり、ドビュッシーしかり……である。

ケージは筆まめだった。一九七〇年代、八〇年代ともなれば手紙より電話の方が連絡手段としては便利になる。だが、ツアー先から親しい友人へ状況を知らせたり、仕事の連絡をとったり、作曲に関する意見交換をしたり、様々な用途でおびただしい数の手紙を書いている。まとまっているものとしては、ケージとピエール・ブーレーズが一九五〇年前後に交わした書簡集、デヴィッド・テュードアとの一連の書簡が知られている。

自作の初演を手放しで自慢しているこの引用文はテュードアへの手紙から。一九五九年一月にケージが書いた手紙で、ミラノのテレビ局RAIで《ウォーター・ウォーク》を自ら初演したときのことが綴られている。ルチアーノ・ベリオの招きで、年末からイタリアに滞在していた彼は、「いちかばちか（Lascia o raddoppia?）」というクイズ番組に出演しこの作品を演奏したのだが、キノコに関するクイズの回答者としても勝ち進んでいた。それまで獲得した賞金一二八万リラをかけて、再びクイズに挑戦する前の日の報告である。最後の問題に正解すれば五〇〇〇万リラ（約六千ドル）を受け取ることができる。キノコにめっぽう詳しいアメリカ人作曲家はこのテレビ出演によって、イタリアでちょっとした有名人になった。通りを歩けば見知らぬ人に取り巻かれ、みんなが親切にしてくれる。おそらくケージはどんな人にも、専門家にも素人にも喜んでもらえたことが嬉しかったのだろう。だが、手紙の続きには「批評家が今までになく怒り狂うのはまちがいない。いまや彼らは私が資本主義社会の産物だと批判する」とも書かれている。

《ウォーター・ウォーク》は水に関わるもの、たとえば薔薇《ばら》がいけられた花瓶、氷の入ったミキサー、水差し、水鉄砲、四分の三まで水の入ったバスタブなどと、五台のラジオ、シングル・トラックの磁気テープ、ピアノ、ゴング、シンバル、鳥の笛やホイッスルを使いながら三分間、アクションを行うという作品である。一九五〇年代の終わりから六〇年代にかけて、ケージが取り組んでいく不確定性の音楽の先駆けだ。忙しく動き回る演劇的なアクションはノイズに溢れていて、くすっと笑いたくなってしまう見世物だったにちがいない。翌年にＣＢＣでテレビ放送された映像が残っているが、この映像をみると、実際、観客の笑い声もきこえる。ケージ作品の魅力の一つが、この捉えどころのない、それでいて温かみのあるユーモアにある。

ちなみに、「いちかばちか」でケージは最後の難問にもみごと正解して、賞金を獲得した。そのお金はマース・カニングハム・ダンス・カンパニーのためにフォルクスワーゲンのミニバスを買う資金の一部となった。

↗

John Cage's letter to David Tudor, handwritten [Milan, January 1959], in Martin Iddon. 2013 *John Cage and David Tudor: Correspondence on Interpretation and Performance.* Cambridge: Cambridge University Press, p.103

いまや私たちは
何かから無へと向かっている。
万物は等しくその仏性をもっているので、
成功か失敗かを語る術はない。

(But) now we are going from something towards nothing,
and there is no way of saying success or failure
since all things have equally their Buddha nature.

[During or after 1951]

仏としての本性を持っていることを表す「仏性《ぶっしょう》」という言葉は、日本では道元禅師《どうげんぜんじ》による「山川草木悉有仏性《さんせんそうもくしつうぶっしょう》」といった言葉で広まるが、これがどの程度、仏教全体の常識かと問われれば疑わしい。

仏性＝如来蔵《にょらいぞう》とする思想も、戦後の日本仏教学が再発見したインド仏教の潮流である。しかし、日本の仏教の信徒は同時に神道の氏子《うじこ》であることも多いので、神道的なアニミズム、すなわちあらゆるものに生命があるという感覚を素直に受けとめ、山川や草木に仏性があると聞いても違和感をもたない。

私たちの仏教に関する認識にはこんな風にインドの原始仏教から密教まで、さらに中国を通じて、日本の古代仏教から幾度もの変遷を経た現代仏教まで、まるで思想の博覧会のように多種多様な人間論と存在論が出てくる。日本人は仏教について、じつは知ったかぶりをしているにすぎないのかもしれない。

ケージは中国の老荘《ろうそう》思想の「無」と仏教思想の「空《くう》」が混ざった禅の世界に親しんだ。欧米の哲学研究者のように厳密な文献研究をすることなく、じつに素直な感性で触れた。

少し説明を加えると、無は言うまでもなく存在しないことだから、全否定というべきダイナミックさがある。老荘思想の幽玄な自由さはここに依拠する。その一方で仏教、とりわけ大乗仏教の中観派《ちゅうがんは》の空というのは、自立的な実体がないということで全否定ではない。むしろ関係性と言い換えられる縁起や因果によってすべてがつながっているという肯定的な側面を持つ。仏さえも空であるとは、したがって、否定であって、しかも肯定的な表現なのである。無と空を混同するということは、つまり、無として徹底的に否定した上で、仏性として徹底的に肯定するということ。言語的にも思想的にも大胆な冒険をおかしつつ、何となく納得してしまう私たち日本人と似た感覚をケージが共有していたことに、あらためて驚きを感じる。

引用文はケージが初めて禅に言及した文章「何かについてのレクチャー」の一節。禅仏教を熱心に学んでいた時期、ケージは禅問答に似たパラドックスを好んで用いているが、これより前、一九四九年から五〇年にかけて書かれた「無についてのレクチャー」も「私はここにいて、話すべきことは何もない」という言葉で始まっている。だが、禅について直接の言及はない。そこでの「無」は「すべての被造物は純然たる無である」とするマイスター・エックハルトの神秘主義から導かれた言葉でもあり、実際にはエックハルトと禅の理念が混在している。

そして「何かについてのレクチャー」が書かれたその年、ケージは偶然性の音楽へと向かった。あたかも音楽性の全面否定と見まがうその音楽の在り方は、まさに無の世界である。もう一度、ケージの言葉へ戻ろう。私たちが向かっている無の世界を虚無だと考えると、絶望にいたるニヒリズムである。だが、ケージはそれを成功とも失敗とも決めない。無の世界が全面否定でありえないのはそれが成功か失敗かも偶然性に委ねられるから、あるいは仏性のもとではその二者を分かつものはないからだ。『易経』で流布したチャートに偶然性の方法論を見いだしたケージは、ここに仏性をもった音楽を再発見した。

↗

John Cage during or after 1951. "Lecture on Something." in *Silence: Lectures and Writings.* Middletown, Connecticut: Wesleyan University Press, 1961, p.143

鈴木博士は笑って言った。
「だから私は哲学が好きなのだ。
勝つ人は誰もいないから」

Dr. Suzuki smiled and said,
"That's why I love philosophy: no one wins."

[1961]

鈴木大拙《だいせつ》は日本の禅を「ZEN」として欧米に定着させた仏教学者である。二一歳で早稲田大学の前身にあたる東京専門学校に入学して英文学を学んだのち、帝国大学専科を修了。鎌倉の円覚寺《えんがくじ》に参禅を続けた。その後、アメリカへ渡ってイリノイ州の出版社、オープン・コート社に入り、『大乗起信論《だいじょうきしんろん》』と『老子道徳経《ろうしどうとくきょう》』を英訳し、自らも禅に関する英語の著作をあらわした。欧米を巡って禅の講義を行っていたが、ちょうど第二次世界大戦を挟む時期は日本に留まり、宗教学者として大谷大学の教授をつとめた。

ケージが出会ったのは、大拙が再度渡米し、一九五〇年二月から五八年まで断続的に北米の大学で講義を行っていた晩年である。客員教授だったコロンビア大学での講義は北米滞在中ずっと継続され、ケージも二年ほど聴講したと述べている。

すでに八〇歳を超えていた大拙は、研究者としての客観的な姿勢より、禅の導師としての独特の気配を身にまとっていたのだろう。『サイレンス』の余白に書かれた小《こ》噺《ばなし》や講演録に織り込まれたエピソードに、大拙は何度も登場する。講義中にラガーディア空港からの飛行機が通過して声がかき消されても同じ言葉を繰り返さなかった、また、ハワイでの仏教に関する会議で「円卓はリアルか」と問われて「リアルだ、あらゆる意味で」と発言したとされ、おおらかで自由にふるまっていた様子が感じられる。

引用文もそんなエピソードの一つ。ある晩、インド人の女性からの誘いで大拙が同席するディナーに行き、ケージはガートルード・スタインやジェイムズ・ジョイスについて彼に話した。大拙はディナーのカレーが食べられず、生野菜や果物を楽しんでいた。夕食後、話題は形而上的な問題へと移り、ちょうどインド思想と日本思想に対する賛同者が半々ずつという状況だった。一一時を過ぎて帰るとき、あるアメリカ人女性が「ところで鈴木博士はいかがですか。今晩はあなたに多くの質問をして過ごしましたが、何も解決していない」というと、大拙はこのように答えたのである。

ケージがなぜ、あれほど禅に傾倒したのかを考えてみると、やはり大拙の存在が大きい。すでに一九三〇年代の終わりにはコーニッシュ・スクールで、ナンシー・ウィルソン・ロスの「禅とダダ」という講義をきいているし、一〇年近い時を経て、アーナンダ・クーマラスワミーの芸術論やレジナルド・ブライスの『禅と英文学』、アラン・ワッツの『禅の精神』といった著作から禅への関心が再燃していたのは確かだ。ただ、彼らの著作で名前を知った大拙の講義を実際に受けたことがケージにとっては決定的だったにちがいない。最初に大拙の講義を受けた時には何も理解できなかったが、一週間ぐらいあとに森でキノコ探しをしているとき、突然、すべてがわかりはじめたという言葉は大げさではないだろう。一九六二年のケージ初来日の折にも彼を訪ねている。のちにケージは自分の師として、作曲家のアーノルド・シェーンベルクと並べて語るほど、大拙に恩義を感じることになった。

↗

John Cage 1961. an anecdote. in *Silence: Lectures and Writings.* Middletown, Connecticut: Wesleyan University Press, 1961, p.40

吉田は、著者が書き損なっている
事実が一つあると言った。
今の日本には、
大きな尊敬を集めている射手でも、
昼間の明るい光の中で
まったく的の中心を射ることが
できない人がいると。

Yoshida told me there was one thing
the author failed to point out, that is, there lives in Japan
at the present time a highly esteemed archer
who has never yet been able
to hit the bull's eye even in broad daylight.

[1965]

二〇一一年、『レコード芸術』誌に掲載するインタビューのために音楽評論家の吉田秀和の自宅を訪ねた。吉田が亡くなる一年ほど前のことである。九七歳を迎えてなお、健筆をふるっていた彼は、自らの批評活動と人生を回想しながら多くを語ってくれた。インタビューの合間の雑談のなかで吉田はケージのことを話題にした。「あの人はね、不思議な人だった。確かケルンへ向かう列車だった。前の晩、ブーレーズらがみな侃々諤々《かんかんがくがく》と議論していた時にはほとんどしゃべらなかったんだけれど、ああいうのは苦手だと話しかけてきたんだ。日本人といるのは好きだと言ってね」。まさにこのとき、すなわちケージが初めてダルムシュタット現代音楽夏期講習会に招かれて渡欧した一九五八年の九月、ダルムシュタットからケルンへの道すがら、ケージと吉田は初めて言葉を交わした。ドイツの哲学者オイゲン・ヘリゲルが一九四八年に書いた『弓と禅』について、「この本のメロドロマ風のクライマックスはある射手が完全な暗闇の中で的を射るんだ」とケージが語りかけると、吉田は引用文のようにユーモアを交えて答えたのである。

吉田はこのできごとのあと、ケージについて新聞記事やエッセイで言及している。たとえば、一九六一年九月五日付の読売新聞夕刊の文化欄（五面）には、彼自身が携わっていた二十世紀音楽研究所主催の「現代音楽祭」の報告が載っている。その中で吉田は、芸術を自然の中に解消するケージの思想の重要性は認めながらも、音楽としてはヨーロッパ流の偶然性の導入、つまり限定された範囲でのみ、演奏家が決定する部分を取り入れた「管理された偶然性」への共感を示している。つまり、作曲家が自らの表現をすべて放棄するケージ流の偶然性ではなく、作曲家が自己表現としての作品の在り方を維持しながら、あくまで音楽に柔軟性を持たせるための技法として、部分的に偶然の要素を取り込んだヨーロッパの作曲家たちの方を評価したのである。ヨーロッパ芸術の精華に触れて憧れ、日本にもヨーロッパの芸術音楽を根付かせようと評論や教育活動を展開してきた吉田からみれば、東洋や日本の思想に感化されてきたケージの芸術活動は神秘主義的な異国趣味と見えたのかもしれない。いずれにせよ、二人は互いに一定の理解を示しつつも、その芸術的志向は異なる方向を向いていた。

引用文は一九六五年の秋、マース・カニングハムのダンスを伴奏するために朗読した小さな物語の中の一節。身近なできごとや知人の語ったことなどから、ちょっとおもしろい小噺をまとめるのがケージは得意だった。それはおそらく、まわりの人たちを楽しませたい、くすっと笑わせたい、笑顔が見たいという彼の想いから生まれた特技だったのだと思う。ケージと会ったことのある日本人はよく、みんなを飲み込んでしまいそうな、あのビッグ・スマイルと彼の優しさについて語る。

私自身も一九八一年、軽井沢の高輪美術館でのコンサートが終わったあと、ほんの少しだったが、ケージと初めて言葉を交わした経験を今も思い出す。いきなり楽屋を訪ねてきた見知らぬ日本人学生の素朴な、いや稚拙な質問に、とても親切に耳を傾け、誠実に答えようとしてくれたケージ。温かい人柄の一端を感じた。

↗

John Cage 1965. "HOW TO PASS, KICK, FALL, AND RUN." in *A Year from Monday: New Lectures and Writings.* Middletown, Connecticut: Wesleyan University Press, 1967, p.137.

彼のパズルへの興味が、
不確定性のすべてをもたらした。

His interest in puzzles invited
the whole thing of indeterminacy.

[1989]

ここで言う「彼」とは、伝説のピアニスト、デヴィッド・テュードアのことである。ニューヨーク郊外のウッドストックで開いたリサイタルでケージの《四分三三秒》を初演した、あのピアニストである。

一九二六年フィラデルフィア生まれで、一七歳ですでに教会のオルガニストを務めていたテュードアは現代音楽への興味からピアニストへと転身。とくに一九五〇年にウィリアム・マセロスの代役として、ピエール・ブーレーズの《ピアノ・ソナタ第二番》のアメリカ初演を引き受けた結果、現代音楽に対する優れた感性と技術力を開花させる。伝統的な和声法や対位法、旋律法にみられる連続的な展開をもたず、中断や裂け目をあらわにした音響が連続するこの作品にじっくりと取り組んだ。ブーレーズの論文やアントナン・アルトーの本を読んで理解を深めたテュードアは独自の演奏法を身につけて、若い世代の芸術家たちに衝撃を与えたのである。

私たちは一人の演奏家の力によって、作品の評価が劇的に高まったという例をいくつも知っている。たとえば、演奏技術を向上させるための練習曲だと思われていたヨハン・セバスチャン・バッハの《無伴奏チェロ組曲》は、パブロ・カザルスの名演によって、リサイタルでも演奏される価値のある作品として再認識された。グレン・グールドが「ピアノ」で表現した同じバッハの《ゴルトベルク変奏曲》も、作曲当時、貴族の館の一室で奏でられたハープシコードの音楽ではなく、現代のコンサートホールの大きな空間でも十分にその芸術性が伝えられる楽曲であることを私たちに教えてくれた。二〇世紀音楽の例なら、ブーレーズがフランス国立放送管弦楽団を指揮したイーゴリ・ストラヴィンスキーのバレエ音楽《春の祭典》や、クラウディオ・アバドがウィーン・フィルを指揮したリゲティ・ジェルジュの《アトモスフェール》などが思い浮かぶ。名作であっても、ときには名演奏家の絶大な力を借りないと真価が伝わらないこともある。自分の音楽を理解してくれる優れた演奏家と出会えるかどうかは、作曲家にとって決定的に重要だ。

しかし、テュードアの才能は単なる「感性と技術に恵まれたピアニスト」を超えていた。つまり、完成された作品の解釈や再現に優れた能力をみせただけでなく、いわば作曲家のコラボレーターとして、まるで触媒のごとく、偶然性や不確定性による作曲を促したのである。カールハインツ・シュトックハウゼンが一枚の大きな紙に楽譜の断片を散りばめた偶然性の作品《ピアノ曲第一一》の構想段階でテュードアに相談したこと、「沈黙の作品」の発表を躊躇していたケージを励まし、楽章ごとに鍵盤の蓋を開け閉めするアイディアを提供して《四分三三秒》を完成させたことはよく知られている。

さらに、彼が最も本領を発揮したのは図形楽譜の演奏だ。ロサンジェルスのゲッティ・インスティテュートの図書館にはテュードアが遺した膨大な演奏譜やメモ等の資料があって、現在では、テュードアがどのように図形楽譜を解読したのか、具体的な手順についても研究が進みつつある。彼は与えられたルールに従って距離を計測したりメモを作ったりしながら図形を解読して、演奏用の楽譜に仕上げた。まるでパズルを解くように楽しみながら作業を進めたテュードアは、不確定性の音楽という領野を突き進むケージを力強く後押ししたのである。

↗

John Holzaepfel 2002. "Cage and Tudor." in David Nicholls 2002 ed. *The Cambridge companion to John Cage*. Cambridge: Cambridge University Press, p.175

音楽を書く一つの方法、
それはデュシャンを研究することである。

One way to write music: study Duchamp.

[1963]

一九二四年に発表されたルネ・クレール監督の初期の映画『幕間《まくあい》』はエリック・サティのバレエ《本日休演》の第一幕と第二幕の間に上映する目的で作られた。わずか十数分ながら、当代一流のダダイストたちがこぞって出演している短編だ。山高帽に眼鏡がトレードマークのサティのほか、スウェーデン・バレエ団のダンサーで振付家のジャン・ボルランや画家で詩人のフランシス・ピカビアなどが出演し、自動車や汽船が走行するパリの風景のなか、ジェットコースターや霊柩車を使ってワイワイと楽しそうに、ナンセンスな演技に興じている。

その中に二人の男性がチェスをしているシーンがある。一人が美術家で写真家のマン・レイ、そしてもう一人が名うてのチェス・プレイヤーとしても知られたマルセル・デュシャンだ。バレエ本編でも「動く彫刻」のアダムを裸体で演じていたデュシャンは、当時、すでにニューヨーク・ダダの中心人物とみなされていた。キュビズムに基づきながらも未来派への接近をみせた一九一二年の作品《階段を降りる裸体 No.2》を最後に絵画から離れたデュシャンは、一九一五年、ニューヨークへ移住。まもなく便器にリチャード・マッドとサインした《泉》を制作し、二三年には代表作に挙げられる《彼女の独身者たちによって裸にされた花嫁、さえも》を手がけ、未完のまま放棄していた。

引用文はエッセイ「デュシャンに関する二六の声明」の中の一文である。一九六二年の初来日の折、東野芳明から依頼されて、日本の美術雑誌『みずゑ』がデュシャンを特集した一九六三年九月号に掲載するために書かれた。はたして二五歳も年上のデュシャンからケージが学んだ「音楽を書く方法」とは何だったのだろうか。

決定的だったのは「レディ・メイド」の発想だろう。同じエッセイでケージが書いた「見られるものすべて、すなわち見るプロセスを加えたすべてのもの、それがデュシャンの作品だ」という文章は、「見る」を「聴く」と読みかえると、そのまま「ケージの作品」にあてはまる。《自転車の車輪》や《泉》で、デュシャンが日常生活に溢れている既製品をオブジェとして展示したのと同じく、ケージは《四分三三秒》で何気ない日常生活の音へといざない、そこに「聴く」というプロセスを加えることで、音そのもののおもしろさを体感させた。

一九六一年から六二年にかけて、ケージは二人の指揮者、電子機器の操作者、二〇人のピアニストと八六人の器楽奏者のための《アトラス・エクリプティカリス》を作曲した。これはチェコスロヴァキアの天文学の書『アトラス・エクリプティカリス』に描かれた天体図の上に透明のシートを重ね、星の位置、大きさ、明るさなどを書きとった図形楽譜に基づいて演奏される。天体図から楽譜を作るという方法は、まさにデュシャンの「レディ・メイド」をモデルとした音楽への典型的な応用例と言っていいだろう。

だが、デュシャンに心酔したケージは「レディ・メイド」にとどまることなく、デュシャンの残した作品の謎と取り組みながら、最晩年にいたるまでその圧倒的な存在に呪縛されていくことになる。

John Cage 1963. “26 STATEMENTS RE DUCHAMP.” in *A Year from Monday: New Lectures and Writings.* Middletown, Connecticut: Wesleyan University Press, 1967, p.72.

《大ガラス》を見るとき、
すごく好きなのは、
どこでも自分が望むところに
関心を集中できることです。

Looking at the Large Glass, the thing
that I like so much is that I can focus my attention
wherever I wish.

[1973]

マルセル・デュシャンの代表作に挙げられる《彼女の独身者たちによって裸にされた花嫁、さえも》はガラスを支持体とした作品で、《大ガラス》とはその通称である。詳細なコンセプトと制作方法の説明がセットになっていて、作家本人でなくともコンセプトを理解して共有する人なら誰でも独自のストーリーを作り、組み上げることができるのが、《大ガラス》の理念だ。

ケージがデュシャンを研究したことは、単に「レディ・メイド」という観念の応用を促しただけではなかった。照明や観る人の視点によって変化する《大ガラス》の開放性は、アレクサンダー・カルダーの動く彫刻、すなわちモビール（この名はデュシャンが考案した）や、ミース・ファン・デル・ローエのガラスの建築物にも通じる。たゆまぬ変化を求める心性を、デュシャンとケージは共有していた。

《大ガラス》の作品の説明やメモ、スケッチや写真などの資料が入っているのが一九三四年に刊行された通称《グリーン・ボックス》で、そこにはおそらく一九一三年に書かれたと考えられているデュシャンの曲が二つ、含まれている。その一つが三声のための《音楽的誤植》だ。これはデュシャンが、妹であるイヴォンヌとマドレーヌとともに演奏するために作ったとされている。わずか一ページの楽譜には「私たちがそれぞれ帽子から音符を引くのだが、その数は偶然に選ばれたimprimer（印刷する）

という言葉を定義する辞書の言葉のシラブル（音節）の数となる」という説明が書かれている。具体的にはそれぞれのパートのために一音ずつ書かれたカードを作り、それらを帽子の中で混ぜて、一枚ずつ取り出す。そのカードを順番に並べて音を決定し、それを演奏するのである。ちなみに「音楽的誤植」とはデュシャンによると、印刷された楽譜の間違いを意味している。imprimerの語と結びついた軽いだじゃれというところだろうか。

もう一つが《彼女の独身者たちによって裸にされた花嫁、さえも。音楽的誤植》である。こちらは、漏斗の中に音の高さに対応する八五の数字を書いた玉を投げ入れ、落下する玉を動くトロッコで受ける。それを順次並べ、音の連続をリアルタイムで演奏するという作品だ。デュシャンは自動ピアノか自動オルガン、あるいはそれに類する新しい楽器で演奏するのが良いとしている。一九八一年、軽井沢の高輪美術館で「マルセル・デュシャン展」開催中に上演された日本初演には、デュシャンの未亡人とともに来日していたケージも演奏に参加した。

どちらもケージが一九五一年の《易の音楽》で実現した偶然性の手法を数十年先取りする、史上初の「偶然性の音楽」である。もっともケージ自身は、レディ・メイドの発想から生まれた《泉》や《大ガラス》そのものに比べると、どちらの《音楽的誤植》もそれほど評価していなかったと言われている。しかし、《グリーン・ボックス》に含まれていた音楽彫刻に関するメモは、最晩年のケージに新たなヒントを与えることになる。

研究すればするほど、新たな発見があって、新たな創作への糧となる。ケージにとって、デュシャンは尽きることのない発想の宝庫だった。

Moira Roth and William Roth 1973. "John Cage on Marcel Duchamp." in Richard Kostelanetz 1991 ed. *Conversing with Cage*. New York: Limelight Editions, p.179

「マルセル・デュシャンの作品の
多くは僕にとって
神秘のままなんですよ」と言ったら、
ティーニー・デュシャンは
「私にとってもそうよ」と答えました。

I said, "…Much of it remains mysterious to me."
And she said, "It does to me too."

[1973]

ケージがマルセル・デュシャンと初めて顔を合わせたのは一九四二年。その五年後には七つのシーンをオムニバスにしたハンス・リヒター監督の実験映画『金で買える夢』で、デュシャンのシークエンスに作曲する機会に恵まれた。円形の図柄がぐるぐると回り続ける映像に、ケージは反復音型の多い、プリペアド・ピアノの《マルセル・デュシャンのための音楽》という小品を作曲している。個人的な友人となるのはずっと後になってからのことである。一九六五年の末、ケージはおそらく尊敬するデュシャンと一緒にいることが目的で、彼にチェスの指南を頼んだ。当初、あまり熱心な生徒ではなかったものの、凝り性のケージはやがてチェスにのめり込んでいく。

ケージにとって、デュシャンはまちがいなく精神的な支柱の一人であった。「デュシャンに関する二六の声明」のほか、「マルセルについては何も言いたくない」、「ジェイムズ・ジョイス、マルセル・デュシャン、エリック・サティ、ひとつのアルファベット」、「マルセル・デュシャンに関する、そして関しない三六のアクロスティックス」といった文字による作品が書かれ、『サイレンス』を始めとする彼の著作でもたびたびデュシャンに言及している。さらに、メソスティックスという文字遊びに節を付けた《ミラクス》や《セルクス》はデュシャンによるフランス語のテキストに基づいている。

デュシャンが亡くなる七カ月前の一九六八年三月五日、ケージはトロントで《リユニオン（再会）》というイベントを五時間にわたって実施した。デュシャンと夫人のティーニー、そしてケージがチェスのゲームを行うと、チェス盤での駒の動きに応じて音楽とオシロスコープの映像が決まり、スピーカーとスクリーンから流される。複数の作曲家の曲がゲームの進行に従って重ねられ、すでに別々の道を歩んでいた友人作曲家たちの「再会」を暗示する。デュシャンとともにチェスを楽しみ、その何気ない日常を音に変換したこの作品は、デュシャンという人物への敬愛の深さを感じさせる。

しかし同時に、ケージからみてデュシャンは結局のところ、謎の多い人物だったのではないか。たとえば、晩年のデュシャンがひた隠しにして、二〇年あまり作り続けていた《遺作》こと、《（1）落ちる水　（2）照明用ガス、が与えられたとせよ》。ケージはそれを《大ガラス》と正反対の作品だと述べている。小さな小屋に扉がついていて、そこに開けられた二つの覗き穴に目を近づけると、遠くには動いて見える滝、より近くには枝でできたベッドの上に裸体の金髪女性が横たわっている。ここではすべてが作り込まれていて、覗く人は「デュシャンが見ることを許可したものしか、見ることができない」。

なぜ、自由で開放的だった《大ガラス》から完全に閉じられた《遺作》へと転じたのか。なぜ、制作を秘密にしていたのか。ケージの脳裏にはデュシャンに直接、きくことができなかった疑問がいくつも渦巻いていたにちがいない。

Moira Roth and William Roth 1973. "John Cage on Marcel Duchamp." in Richard Kostelanetz 1991 ed. *Conversing with Cage*. New York: Limelight Editions, p.178

音楽とキノコ：二つの言葉は
たいていの辞書で隣り合っている。

Music and mushrooms:
two words next to one another in many dictionaries.

[1969]

ケージのキノコ好きは広く知られている。「キノコのない食事なんて、雨の降らない一日のようなものだ」などと書いているが、お金のなかった若い頃にはよくキノコ狩りをして飢えをしのいだという。ひどく体調を崩して、一九七七年ごろからニューヨークの山本静子のもとでマクロビオティックのダイエットを始めたあとも、キノコをわずかなゴマ油で炒めて食事に取り入れている。さらにキノコの形をした灰皿やキノコ柄のネクタイといったグッズにも目がなかったし、毒キノコにあたった経験から、専門家に森へ同行してもらってキノコ狩りを極め、菌類に関する書籍を三〇〇冊も収集して読みあさった。芭蕉の「まつ茸やしらぬ木の葉のへばりつく」を「日記」そのほかで引用したかと思えば、イタリアのテレビ番組でキノコに関するクイズにみごと全問正解して、賞金をもらったりしている。その知識は専門家はだしで、一九六一年にキノコ好きの仲間たちと、現在まで続くニューヨーク菌類学会の創設に携わっている。

ひとたび何かを好きになれば、誰もが収集から探求まで、ケージと似た行動に走るかもしれない。あなたのまわりにも一人や二人はいるだろう、ランやバラ、フクロウやカエル、タヌキやゾウが好きな人たちが。でも、ケージが愉快なのはここからだ。引用文は一九六九年出版の『月曜からの一年』に掲載された小噺だが、自分の好きな二つのもの、音楽 music とキノコ mushroom が辞書で並んでいたと喜んでいるのである（ちょっと大きな辞書になると、必ずしも隣ではないのだが）。しかも、一九五四年にユーモアを特集した雑誌に掲載した文章で、「キノコに没頭すると、音楽について多くを学ぶことができる。こういう結論にいたって、私は最近、田舎に引っ越したのである」と書いている。隣に並んでいることを無邪気にうれしがっていただけでなく、そもそも音楽とキノコは縁が深いのだと考えていたことがわかる。

三〇年近く前、浅田彰が『ヘルメスの音楽』所収のエッセイ「キノコの音楽――ジョン・ケージを聴く」で使った比喩はじつに鮮やかだった。ブーレーズの音を砕け散ったガラスの粒、クセナキスの音を雲となっている小さな水滴、ケージの音をいびつな形をもつキノコの胞子になぞらえたのである。ダニエル・シャルルはケージの音楽をドゥールーズ＋ガタリの「リゾーム（地下茎）」と結び付けて説いた。なるほど胞子が散っていき、森のなかの思いがけない場所から生えてくるキノコの在りようは、偶然性によって生まれる音の現象とパラレルである。「私たちは一つ一つのものを直接、あるがままに観なくてはならない、たとえブリキ製のホイッスルの音でも、優雅なカラカサタケでも」、「音楽はその新鮮さを聴くものである。それはキノコがその新鮮さを食するものであるのと同じだ」など、キノコと音楽をめぐるケージの思索は終わりを知らない。

だが、ここで重要なのは、キノコと音楽が似ているかどうかではない。このキノコの話に典型的な思考法、つまり一般に異なる文脈にあるものどうしの間に、本質的な共通項をみつけて論理を展開するケージの思考法に驚かされるのである。まさしくリゾーム型と呼ぶべきかもしれない。直感的で自由な放浪にみえるけれど、底知れない生命力を秘めた論理である。

↗

John Cage 1969. an anecdote. in *A Year from Monday: New Lectures and Writings*. Middletown, Connecticut: Wesleyan University Press, 1969, p.34

電子回路の部品からできていようと、
頭の中にある同等の
「部品」（音階、音程の操作など）から
できていようと、
作曲をひとつのサウンド・システムの活動
とみなすのは無駄な探求に思える。

It seems a wild goose chase: [...]
seeing composition as activity of a sound system,
whether made up of electronic components
or of comparable "components" (scale, intervallic controls, etc.)
in the mind of a man.

[1965]

キノコ狩りをしたり、ひたすらコインを投げて易で占ったり、マクロビオティックのダイエットをしたり、緑豊かなストーニー・ポイントのガラス張りの家で暮らしたりといった行動から、ケージは自然志向の、テクノロジーに頼らない、いわゆる「アナログ人間」だったと思われるかもしれない。確かにケージは自ら手を動かすことも好んでいた。晩年、彼の家をたずねた笙《しょう》奏者の宮田まゆみが、あまりにたくさんの郵便物を手際よく整理していく様子を驚いて眺めていたら、「こういうことは意外と得意なんだ」とほほ笑んだという。

　ところが、そうした自然派のアナログ人間というイメージとは裏腹に、彼はごく若い頃からエレクトリック・テクノロジーを使いこなしてきた。一九三九年の《心象風景第一番》では可変速レコード・プレイヤーと周波数レコード（ラジオ放送でチェックに用いられた特定の周波数を録音したレコード）、四二年の《クレド・イン・アス》ではラジオとレコード、五一年の《心象風景第四番（行進曲第二番）》では二四人のパフォーマーが操作する一二台のラジオ、五八年の《フォンタナ・ミックス》では磁気テープと再生機を作品に用いている。やがて六〇年代になると、そうした機器やメディアの数は激増し、使用方法にも変化が起こったのである。

　引用文は一九六五年八月一五日から二八日まで音楽のワークショップをするために

滞在したカナダのサスカチュワン州で書いた「日記：エマ・レイク・ミュージック・ワークショップ一九六五」からの一節。伝統的な音階や音程などを組み立てて作られたサウンド・システム（音の組織）でも、電子回路からできているサウンド・システム（音響装置）でも、そもそも作曲をサウンド・システムの活動と捉えるのは的外れだと主張したのである。一九六二年に草月会館で初演された《〇分〇〇秒（四分三三秒第二番）》にしても、あるいは六六年にニューヨークで芸術家と技術者の協力によって開催されたフェスティヴァル「９イヴニングズ」で初演された《ヴァリエーションズⅦ》にしても、まさに固体の振動を感知するコンタクト・マイクとアンプで小さな音を増幅して聴かせる「サウンド・システム」を個別にデザインした作品である。しかし、サウンド・システムそのものが音楽なのではない。そのシステムを通して聴こえてくるものが大切なのである。五〇年代まで、ケージがエレクトロニクスを使うのは明らかに、楽器とは異なる特定の音響を導入するためだったが、六〇年代には身の周りの音や演奏家の動きから生まれる音、アシスタントの心拍や血圧といった生体の音、会場外で鳴っている音など、ありとあらゆる生活音を増幅することが目的となる。マイクとアンプはいわば「電子（エレクトロニクス）の耳」となったのである。

菌類の胞子が担子器から放たれる音楽を電子の耳で聴きたいと願い、のちにアンドリュー・カルヴァーが易経の原理に基づいて作った「ic」というプログラムを使ってコンピュータで易占いを始めたケージは、ある意味でアメリカの典型的な現代人、しかも田舎より都市で暮らした期間の方が圧倒的に長い都会っ子だった。

John Cage 1965. "Diary: EMMA LAKE MUSIC WORKSHOP 1965." in *A Year from Monday: New Lectures and Writings.* Middletown, Connecticut: Wesleyan University Press, 1969, p.22

作用方法における自然と芸術の同一化、
完全なる神秘だ。

identification with nature in her manner of operation,
complete mystery.

[1965]

《〇分〇〇秒（四分三三秒第二番）》と名付けられた作品がある。一九六二年一〇月二四日に東京の草月会館ホールで世界初演されたもので、このときは初来日中のケージ自身が紙にペンを走らせる音をコンタクト・マイクで拾い、がりがりと増幅されたノイズがスピーカーから流れていたという。楽譜にも「この手稿譜を書くのが初演だった」と記されている。

「四分三三秒第二番」という副題から、意図的に楽器音を鳴らさないことで環境音に耳を開かせることが目的の一つだろうと推測される。しかし、《四分三三秒》と決定的に異なるのは、人間の耳ではなく、「電子（エレクトロニクス）の耳」へと聴覚を拡張したことである。あらゆる物はそれ自体、振動しているのだから、たとえ人間の耳には聞こえなくとも小さな音が鳴っているはずだ。コンタクト・マイクを使ってその小さな音を増幅し、聴衆に提示しようというのである。

ケージは《〇分〇〇秒》を分岐点として、その後の作品で電子回路を使った、さまざまなサウンド・システムを構築するようになる。つまり、行為に付随するノイズや環境音をコンタクト・マイクで収音し、設置した回路を通して変換するシステムをどのように作り、どのように設置するのかを指示する楽譜を書き始めたのである。

たとえば一九六六年に作曲された《ヴァリエーションズⅥ》では、線分や△、⊥といった記号が多数印刷された透明のシートと一本の長い線が引かれた紙、そしてそれらの解説が楽譜で、透明シートの記号は音源とコンポーネントとスピーカーを示すものと解釈される。演奏会で使用可能な数の記号を切り取って、それらを長い線の引かれた紙の上に落とし、演奏会場での配置を決める。このサウンド・システムを使って、何人のパフォーマーが、どのぐらいの演奏時間、何を行うのかはすべて、その日の演奏家たちに任されている。

こうなると、ケージが一九四〇年代から指針としてきた「芸術は自然を、その作用方法において模倣する」というモットーは変化せざるをえない。それまでは楽譜から音響が発せられるまでのプロセスを読み取る過程にルールを設定し、作品自体に演奏家による解読を組み込むことによって不可避的に不確定性を発現させ、「自然の作用方法を模倣してきた」のだが、電子的なサウンド・システムの構成と設置では、楽譜から音響へという操作が省かれることによって演奏家という変数が取り除かれ、入力される情報がそのまま自然の作用と同一のものとなる。

不確定性はしたがって、楽譜の外部に求められることになる。一九六〇年代には「任意の人数で」「任意の楽器で」「複数のサウンド・システムで」というように多数のものを同じ空間に置くことによってできごとの同時多発性を仕組み、不確定性をかろうじて担保することになる。音楽がそれだけで完結したオブジェではなく、たえまなく変化していくプロセスであるために、ケージにとって不確定性は欠くことのできない手法だった。

John Cage 1965. "Diary: How to Improve The World (you will only make matters worse) 1965." in *A Year from Monday: New Lectures and Writings.* Middletown, Connecticut: Wesleyan University Press, 1967, p.18.

私たちが偶然住まうことになった
この劇場にある、見るべきもの、
聴くべきものに気づくため、
呼吸し、歩き、
十分に頭を空っぽにするのだ。

Breathing and walking and managing
to empty the head sufficiently to notice
what there is to see and hear in the theatre
we happen to be living in.

[1963]

「この世はすべて舞台だ。男も女も役者にすぎない」というのは、シェイクスピアが『お気に召すまま』で辛辣な前侯爵の廷臣《ていしん》ジェイクイズに語らせた有名なセリフ。人は世界という舞台あるいは劇場で与えられた役割を演じることしかできないという人生観である。それをペシミスティックに語るジェイクイズは近代人のメンタリティを先取りしているとも言えるだろう。

この「劇場」にはすべて自分の思い通りに生きることなどできないという諦念が感じられるのに対して、昨今よく耳にする「劇場型選挙」や「小泉劇場」、「小池劇場」などと囁《ささや》かれる現代の政治家たちの「劇場」は、過剰な演出によって自身の能力や後光を誇示し、大衆を扇動する政治家を揶揄したものである。今日では舞台がネットの世界へも広がり、政治家たちはＳＮＳ発信に余念がない。彼らの繰り広げる「劇場」とシェイクスピアの描いた「劇場」はまったく正反対のように思える。だが、じつはどちらも近代的な自意識がその根底にある。

ケージも「劇場」を志向した。とくに一九六〇年ごろから著作やインタビューで「劇場」という言葉をよく使うようになる。引用文は一九六三年に出版された雑誌『ダンス・パースペクティブ』第一六号で「作曲家／振付家」という特集に応えて書いた文章の一節。ここでの「劇場」は、シェイクスピアが考えているように、偶然にも人間が放り出された世界のことである。だが、ケージはそこでいかなる意味でも「自分」を演じようとはしない。近代的な自意識をさらりと捨て去ったあとのケージである。「見るべきもの」や「聴くべきもの」を先入観なしに感受できるよう、リラックスして歩き回る。

一九五〇年代にケージが試みたのは、先入観にとらわれないよう、ふいに聴くことだった。《四分三三秒》はそれを象徴する作品だろう。自分が生きている自然や環境そのものが、耳を傾けるべき「音楽」なのだから。さらにブラック・マウンテン・カレッジにいたジョゼフ・アルバースが主張する「生活と芸術に境界がない」という考えに、ケージも共感していた。参加者がそれぞれ思うままに日常的な行為を繰り広げる《ブラック・マウンテン・ピース》はそれを表明する作品でもあったはずだ。あるとき、彼は気づいた。自然、環境、そして生活がそのまま芸術であるなら、必要なのはふいに聴くことだけじゃない。ふいに見ること、さらには触れること、嗅ぐこと、味わうことを含む、すべてをふいに感じることが必要だ。こうして一九六〇年代には《〇分〇〇秒》などのパフォーマンス作品が次々に実行され、一九六七年から生前に九回（ケージ自身はそのうち八回に出席）行われた《ミュージサーカス》や、一九八七年に初演された、オペラの断片と映像、多様なできごとが重ね合わされた《ユーロペラ

1&2》といった大掛かりな劇場作品も、その延長線上にある。「音楽」から「劇場」へというのが、六〇年代以降のケージのスローガンとなった。

現代の政治家たちもポピュリズムに没入し、自分が演じる、あるいは演じたい役を勝ち取ることに役役《えきえき》とするのではなく、頭を空っぽにして眼と耳を働かせてみたらいい。思いもかけない啓示に恵まれるにちがいない。

John Cage 1963. "Where do we go from here?" in *A Year from Monday: New Lectures and Writings*. Middletown, Connecticut: Wesleyan University Press, 1967, p.93.

言い換えれば、
私が社会に興味があるのは、
力のためではなく、
協同と喜びのためです。

In other words, I’m interested in society,
not for purposes of power,
but for purposes of cooperation and enjoyment.

[1969]

アメリカが「世界の警察」であることを辞めて、孤立主義を推進していったら、世界には混乱が訪れるのだろうか。中東の情勢にも朝鮮半島の非核化にも関与する一方で、アメリカ第一主義を唱えて、輸入品に高い関税をかけるトランプ政権。あるいはアメリカと同じく軍事力と経済力を兼ね備えた大国として遇されることを目指す中国の習近平政権。彼らの思惑は政治と経済を握ることによって、すなわち力によって現実を動かそうとすることにある。人びとの分断が解消されることを願っていたケージは、こんな破壊的な未来を予想していただろうか。

一九六〇年代後半になると、ケージは「世界の改良」というテーマへの関心を深め、レクチャーやトークで積極的に語り始める。当時、アメリカの社会はすさんでいた。ヴェトナム戦争が長期化し、マルコムXやマルティン・ルーサー・キング牧師が暗殺され、ロバート・ケネディが射殺されるという、ぞっとするような社会状況に対して、ケージは憤っていた。この状況を好転させようと、社会学や経済学などの書物をつぎつぎと読み、そこから抜け出す方法を模索する中で、とくにカナダの文学者でメディア論の先駆者であるマーシャル・マクルーハンと建築家で思想家のバックミンスター・フラーの思想に共鳴する。フラーは一時期、ブラック・マウンテン・カレッジで教鞭をとっていたことから、一九四八年の夏期講習でケージと出会った。お互いに架空の

「終了学校」について楽しく語り合い、ケージが企画したサティの《メドゥーサの罠》のアメリカ初演で主人公の男爵役をフラーが演じて、すっかり意気投合する。ケージは彼の思想に多くの共通点を見いだした。フラーは、覇権を争う戦争は人びとが生き残りを求めるというプリミティヴな欲望から生まれるのだと述べ、ケージと同じく権力で支配する政治を嫌い、人類が宇宙との調和の手段を持つことによって持続可能な社会を構築することに生涯をささげたのである。

デモなどの行為にはほとんど意味がないと感じ、高校での弁論大会以降、おおよそ四〇年にわたって政治的な発言をひかえてきたケージが、社会について頻繁に言及するようになったのは、こうしたフラーやマクルーハンらの仕事や著作が、本来、ケージの中に眠っていた思想の展開を促したからだろう。

引用文は一九六九年、雑誌『Source No.6』に掲載されたわずか一ページの文の結論部分である。「これまで、あなたの音楽をあなた自身、あるいは別の誰かが、政治的もしくは社会的目的のために使ったことがありますか」という質問に対して、ケージは「関心があるのは政治的目的ではなくて、社会的目的です」と答えている。世界を良くしていくことができるのは「力」と関わる政治や経済でもなければ、教育や宗教でもない。一人ひとりの個人と向き合う新たな社会思想こそが悲惨な状況を終わらせることができると考えた。

ケージが芸術活動の枠を超えてレクチャーやトークで社会評論を積極的に行うようになったのは、混迷した社会にあって新しい生き方を示すことができるのは芸術家のみだと述べたマクルーハンの言葉に勇気をもらったからだったのかもしれない。

事態を好転させるのは「力」ではないというケージの主張は、いっそう分断が進んでしまった世界に生きている現代人の耳にこそ、鋭く突き刺さるにちがいない。

John Cage 1969. “POLITICAL/SOCIAL ENDS?” in Richard Kostelanetz 1993 ed. *John Cage: Writer: Previously Uncollected Pieces.* New York: Limelight Editions, p115

価値判断といったものは
政治的な観念です。
大学教育を通じて広まる、
あらゆる価値判断のように、
それは政治的なのです。

The value judgment thing is the political idea.
Like all the value judgment that runs
through the university teaching, it's political.

[1970]

二一世紀に入った頃から「知識基盤社会」という言葉がよく聞かれるようになった。グローバル化が進むにつれて、新しい知識や情報、技術が社会のあらゆる領域での活動の基盤として飛躍的に重要性を増す。だから、「専攻分野についての専門性を有するだけでなく、幅広い教養を身に付け、高い公共性・倫理性を保持しつつ、時代の変化に合わせて積極的に社会を支え、あるいは社会を改善していく資質を有する」（中央教育審議会『我が国の高等教育の将来像』答申、平成一七年一月）のが、現代社会に有用な人物であるとされた。

大学教育もこうした人材を育成するため、知識の一方向的な伝達ではなく、学生が言語化する、たとえば得られた知識を説明したり、特定のテーマで議論する、いわゆるアクティヴ・ラーニングが重視され、その後、これがすべての学校にわたって「主体的・能動的で深い学び」と定義づけられた。こうした変化は日本が高度成長期における産業化社会から転換しつつあったことと連動している。

ケージが教育に対して不信感を抱いたきっかけは高校時代の試験だった。まじめで優秀な学生だった彼は、あるとき十分に準備して受けた試験も、何もせずに受けた試験も成績が同じだったことで、学校の勉強に興味を失ったという。そして、おそらく人間性を育むために芸術を重視したブラック・マウンテン・カレッジでの教養教育に触れて、これを一つの理想と考えたにちがいない。仕事を獲得する目的で学位をとる大学は「監獄の考え方を基にして作られた」と語り、大学で教える価値判断は政治的なもの、すなわち権力の構造が反映していると主張した。その一方で、引用文のインタビューが行われた一九七〇年ごろのアメリカは高等教育が大衆化していった時代だ。富裕層ではない多くの人たちが大学に受け入れられることになって、ケージは明るい未来も感じていた。

「知識基盤社会」を謳《うた》う現代日本に目を向けてみると、知識の教え込みではなく、課題解決型の授業で変化に対応できる思考力、判断力、表現力を身につける、つまり価値判断の押し付けではなく、個人が個人の考えを展開し伝えることを可能にするのが教育の目的だというのは、ケージが理想とした教育に近づいたかにみえる。

しかし、教育振興に向けた施策が最終的にめざすのは「我が国の継続的な成長・発展」である。産業化社会を支えた基礎知識の習得から、知識基盤社会を支える創造的な生きる力の獲得への転換によって、知識はあらためて経済的利益を生む資源となる。学びの究極的な目的が経済的利益と国の発展だというのは、明らかにケージの目指した方向とは異なっている。私たちは大学という監獄に囚われているのではなく、もっと大きな目にみえない国家の政治体制に囲い込まれている。こうした状況にあっても個人としっかり向き合うために肝要なのがまさしく芸術なのではないか。私は美術やデザインを学ぶ学生たちに音楽を教えるという教育の現場に立ちながら、いつもそう感じている。

Geneviere Marcus 1970. "John Cage: Dean of the Musical Avant-Garde." in Richard Kostelanetz 1991 ed. *Conversing with Cage*. New York: Limelight Editions, p.243

新しい美術と音楽は
秩序づけられた構造の中にある
個人の考えを伝えるのではなく、
プロセスを実行するものであり、
私たちの日々の生活と同じく、
知覚（観察と聴取）の良い機会となるのだ。

New art and music do not communicate
an individual's conceptions in ordered structures,
but they implement processes which are,
as are our daily lives, opportunities
for perception (observation and listening).

[1967]

ここに引用したのは「マクルーハンの影響」と題されたエッセイの一節である。社会環境はマーシャル・マクルーハンの言う「かつてない深刻な変化」を経験している。芸術はそのような社会から隔絶されたところで存立するわけではない。このような環境を日々楽しめるよう、人びとの目を開き、耳を傾けさせることができるのがまさに現代の芸術だと、ケージは主張する。

ケージがマクルーハンの思想に注目したのは、マクルーハンがアメリカで有名になるより少し前のことだった。とくにケージが激賞したのは、代表的著作として知られる『グーテンベルクの銀河系』や『メディア論』ではなくて、一九六三年に書かれた「外心《がいしん》の呵責《かしゃく》」という小さな論文である。ここにはマクルーハンの電子メディアに関する論考の前提となる考えが凝縮されていて、短いながらも示唆にとんでいる。

マクルーハンが「外心の呵責」で説いた主張を要約すると、次のようになる。これまでのテクノロジーはすべて身体器官を拡張したもので、人間のもつ感覚の相互作用を弱める閉鎖体系だった。それに対して、現在新たに登場した電子テクノロジーは中枢神経系の拡張、すなわち脳と神経を拡張したもので、認識や相互作用、対話を行い、集合性を意識するようになる開かれた体系である。ルネサンス以来の印刷文化の思考様式が視覚的で方向の定まった直線性を特徴とするのに対して、電子メディアのプロセスは聴覚的な同時多発性を特徴とする。古いテクノロジーは脱部族化、つまり大きなまとまりからの離脱をうながし、細分化・専門化を引き起こして個人を分離したが、新しいテクノロジーは地球規模のまとまり、すなわち世界全体が一つとなる再部族化をうながす。

そこから生まれる不安に対して適切に反応し、新しい生き方を示すことができる芸術家として、マクルーハンはケージのような人物に期待を寄せた。実際、マクルーハンはジェイムズ・ジョイスの長篇小説『フィネガンズ・ウェイク』の「一〇〇の雷鳴」を用いて何か作品を書いてはどうかとケージに提案し、ケージはイリノイ大学のコンピュータを使った制作のアイディアを練っている。雷鳴は統語法を無視して作られた一〇〇文字からなる単語（最後だけ一〇一文字）で、小説の中では大きくシーンが転換するときに鳴り響く。そもそも『フィネガンズ・ウェイク』は多言語を合成した造語であるジョイス語を用いて言語の解体と再構成を試みた実験的な小説である。アイルランドの古謡《フィネガンの通夜》を下敷きにダブリンの居酒屋の主人H・C・イアリッカーの一夜の夢を描いているのだが、神話や伝説の人物が登場して森羅万象に変幻するなど、死と再生をめぐる独創的な世界を描いた読解のむずかしい作品として知られる。原始的言語と考えられる一〇の雷鳴も多くの言語を組み合わせて作られ、一部に「かみなりkamminarri」も含まれている。ケージはこの雷鳴を、喉にモデュレーション装置を付けることで変調された合唱の歌声が、弦楽オーケストラと重ねられることで表現し、雨が水や大地、金属の上に降り注ぐ情景を彷彿とさせる音響を構築しようと考えた。最後には電子テクノロジーを象徴する雷鳴が聞こえるというアイディアである。ケージはこの作品を《一〇の雷鳴》もしくは《アトラス・ボレアリス》というタイトルにするつもりだったが、結局、計画は実現しなかった。

同時多発的にできごとが生じるこの作品のイメージはまさにプロセスの音楽だ。電気技術の革新によって「今や一度に一つではなく、同時にあらゆることが生じる」時代になったというマクルーハンの主張から生まれたものである。

John Cage 1967. "McLuhan's Influence." in Richard Kostelanetz 1991 ed. *John Cage: An Anthology*. New York: Da Capo Press, Inc. p.170

まず必要なのは
音がまさに音であるだけでなく、
人びとがまさに人びとであるような音楽だ。
たとえ「作曲家」や「指揮者」であろうと、
誰かが決めた規則の支配は受けない。

We need first of all a music
in which not only are sounds just sounds
but in which people are just people, not subject, that is,
to laws established by any one of them
even if he is “the composer” or “the conductor”.

[1973]

一九五八年にケージが作曲した《ピアノとオーケストラのためのコンサート》には曲全体の内容を記述したスコア（総譜）が存在しない。独奏のピアニストやオーケストラの演奏者たちは通常どおり、自分が奏でるパート譜だけを見ながら演奏するのだが、この作品では曲全体を統括するはずの指揮者もパート譜しか、持っていないのである。しかも、そこには指揮者が時計の長針のように腕を動かすタイミングや速度を決定するために数字が並んでいるだけで、他の演奏者に関する情報はいっさい書かれていない。指揮者も独奏ピアニストもオーケストラの演奏者たちも、ひたすら自分のパート譜に基づきながら、自分自身の決めた音で自分自身の決めたタイミングで行為を続けていく。

作曲家や指揮者の絶対性、あるいは超越性は、西洋音楽の歴史においてはあまりにも自明の理なので、疑問を差し挟む人はほとんどいない。一つの芸術作品が生まれたら、いつまでも作曲家の名前を冠して伝承される。もちろん、あらゆる作品は演奏者による解釈に開かれているが、演奏者の中でも指揮者は別格だ。数十人、ときには一〇〇人を超える演奏者たちを前にして、指揮者は唯一、その時従うべき「正しい解釈」を決定して指示できる権利をもっている。つまり、作曲家と指揮者は近代の芸術音楽の世界においては王様のような存在なのである。

だが、考えてみてほしい。そもそも人びとの前に王様のような絶対者が現れたのはいつのことだったのか。古代のヨーロッパ世界では王様はその場限りの英雄だった。だから、多くは時とともに忘れ去られてきた。昔は人びとの前に超越的な絶対者はいなかったも同然である。王様は王様であり、王様の子どもも王様だと考えるのは、ずいぶん時代が下ってからのことだ。古代中国の禅譲《ぜんじょう》が美談であり、本当は神話なのではないかと考えてしまうのは、絶対者が絶対的な権利を見ず知らずの人に渡すはずがないと感じる後代の思い込みの産物だろう。本来、人びとは人びとであったのだ。絶対的な権力者が規則を決めて、それによって人びとが支配され、社会が統制されていくのは後代の特定の時期、特定の地域でのことにすぎない。

音は音であり、人びとは人びとであるとストレートに主張するこの言説と作品は、作曲家と指揮者のもつ隠された絶対性と対峙する。音楽において、音が音であり、人びとが人びとであるという状態を作り出すことは、近代の呪縛にとらわれない社会、国による管理がなくても人びとがみな幸福に暮らせる社会、すなわちアナーキーな社会のモデルとなるはずだ。

ケージが《ピアノとオーケストラのためのコンサート》以降、自分の作品で実現しようとしたのは、じつはむずかしいことでも特別なことでもない。音は音であり、人びとは人びとだという当たり前のことを忘れてしまった現代人に、繰り返し、わかりやすく警告を発し続けたのだ。

↗

John Cage 1973. "FOREWORD." in *M: Writings '67-'72*. Middletown, Connecticut: Wesleyan University Press, 1973, p.xiii

《ミュージサーカス》で必要な組織は、
万国博覧会の組織と同じ種類のものです。

Le type d'organisation dont on a besoin dans un *Musicircus* est du même genre que celui d'une exposition universelle.

[1976]

「ミュージサーカス musicircus」とは「ミュージック music」と「サーカス circus」を組み合わせたケージの造語で、マルチメディアを駆使したユニークなパフォーマンスを指す。「サーカス」とケージが呼ぶのは、昔懐かしい興行としてのサーカス、つまり円形の舞台で動物が曲芸をみせたり、人間が軽業《かるわざ》に挑んだり、道化がパントマイムをしたりするイメージだ。

したがって「ミュージサーカス」では参加する表現者たちが一つの会場に集まって、それぞれ独立した形で自分の考えたアクション（演奏する、踊る、朗読するなど）を行う。あらかじめ作られたストーリーやマスタープランは存在せず、易占いで決められたタイムテーブルにそってアクションしながら、別のパフォーマーと共生する。偶発的に生じる関係が、しなやかに織りなされていくのである。

ケージは一九六七年一一月一七日にイリノイ大学で「ミュージック・サーカス」というイベントを実施する。事前の準備はいろいろな表現者に参加を呼び掛けただけ。ケージの回想によれば、当日はデヴィッド・テュードアやゴードン・ムンマ、サルヴァトーレ・マルティラーノら数多くの音楽家が参加して演奏し、ダンスやフィルム・スライドの上映があって、アップル・サイダーやドーナッツなどが売られていた。ケージ自身は照明のスイッチ音をコンタクト・マイクで増幅するパフォーマンスをしたという。五千人近い観客・聴衆が参加する盛況ぶりだった。

それ以降、ケージは毎回、少しずつ異なったかたちで、「ミュージサーカス」を開催した。中でもとくにモーツァルトなどを素材に用い、ハープシコードを核として極限の世界を追求した《HPSCHD》（レジャーレン・ヒラーとの共作）、ジョイスの『フィネガンズ・ウェイク』を題材とした《ロアラトリオ》は有名だ。このように多くの場合、テーマが設けられていて、集まった表現者たちは自分の自由な表現活動を行いながら、一つの空気感を共有する。さらに、ケージは《ユーロペラ》や《ソング・ブックス》、《音楽でいっぱいの家》など別のタイトルでも、「サーカス」のアプローチを応用していく。

これらの「ミュージサーカス」に共通しているのは、「『易経』によって決定された行為の場所および行為の開始・中断を示すタイムテーブル」、「複数のジャンルにわたるパフォーマンスと、テクノロジーを積極的に活用するマルチメディアの展開」、「無関係な行為が同時並行するアナーキーな状況」の三点だ。テーマや実施の規模、空間的な配置そのほかの事柄は実施するたびに変化する。ミュージサーカスは状況に応じてかたちを変える「生きた形態」であり、ケージの芸術活動の中でもとりわけ象徴的、社会的な意味をもっている。

「ミュージサーカス」は「プロセスとしての音楽」と言い換えることもできる。一つのパフォーマンスをじっと見聞きするのではなく、同時多発的に生じるできごとに耳目をさらしながら、いま、ここで生まれた関係を楽しむ。アナーキーとは、誰かによってコントロールされたり、秩序を押しつけられたりするのを拒み、ケージの言葉を借りるのならば「あらゆる秩序が自ずと生じて、自由に結びつくままにしておく」ことで、ケージ自身、そのような社会に生きたいと切望した。ミュージサーカスはまさに、この理想の社会を表象するモデルなのである。

↗

John Cage and Daniel Charles 1976. *Pour les oiseaux: Entretiens*. Paris: Pierre Belfond (Les bâtisseurs du XXe siècle), p.197

私は統語法のない言語に興味をもつようになっています。

I have become interested in language without syntax.

[1971]

ケージは若い頃、作曲家ではなく作家になろうと思っていた。高校時代は弁論大会で優勝するほど議論に熱中していたし、大学を退学してヨーロッパへ渡ったのは作家になるための経験を積みたいという理由もあった。ヨーロッパに着いてからも詩を書いたり、現代作家の著作を読んだりするなかで、文学への関心を膨らませていく。

渡航から一八カ月後、大恐慌に見舞われたアメリカへと戻ってきたケージは、すでに作家ではなく、音楽家になろうと心を決めてはいたが、作曲を学び始めた初期から間断なく文章を書き綴ってきたことはこれまで見てきたとおりである。『サイレンス』や『月曜からの一年』といった著作集は雑誌に掲載したエッセイや講演の原稿を集めたケージの初期のものだが、ページによってフォントや文字の大きさ、文や段落の配置などに変化をつけた、視覚的にも音楽的躍動を感じさせる本である。

引用文は一九七一年のインタビューでの発言である。続けて「世界の人びとを分離するものの一つは、様々な文化のみではなく異なる言語なのです」と述べている。かつてケージは音楽をコミュニケーションの手段として位置づけることに抵抗した。今度は文学を統語法（単語と単語をつなぐ規則）から解放して、意味作用から自由な言語を綴った。この発言の少し前から、ケージが作り始めていた「メソスティックス」という文字作品も統語法から自由になる試みの一つと言っていい。これは短いフレーズの真ん中に、人物の名前や音楽をめぐる言葉などを大文字で縦に並べたものである。文頭に大文字が並ぶものを「アクロスティック」と呼ぶが、それを独自に展開したのがメソスティックスだ。

　メソスティックスはケージが考案したルールに基づいて作られる。たとえばケージが《ロアラトリオ》で用いた『フィネガンズ・ウェイク』の「書き抜き」の冒頭に、左のようなメソスティックスがある。

---

wroth with twone nathand**J**oe
A
Malt
jh**E**m
Shen

ふたごのナサン**ジ**ョーに憤ったのは
ェえっと
ウ**イ**スキー
ジェ**ム**
シェンのい**ズ**れか

ここでは「JAMES（ジェイムズ）」が縦に大文字で配置され、最初の行にはその名前の最初の文字を小説の本文から前後を含めて切り取るが、二つめの文字であるAがJに同じ単語内で続いてはいけない。二行目のAのあとも同じく、Mが続いてはいけない。こうしたルールにより、小説を最初から順にたどりながら断片を書き抜いて、原著を凝縮したメソスティックスの作品が構成される。そして文字列をカットしてつなぐ、この作業に、ケージは没頭した。いかにも無作為で自動筆記的にみえる「書き抜き」だが、実際にはカットする長さなど、細部においてケージのセンスが生かされている。何度も改訂したメモが残っていることも、それを裏付けている。

統語法から解放された言語は、言葉を使う人を囲い込んで、その言葉を知らない他の人びとから分離することはない。あらゆる人たちがアクセス可能な開かれた言語を、ケージは夢みたのである。

↗ Alcides Lanza 1971. "…We Need a Good Deal of Silence…" in Richard Kostelanetz 1991 ed. *Conversing with Cage*. New York: Limelight Editions, p.137

ゴマとうもろこしとオリーヴの
オイルがバターの代わり。

Oils, sesame, corn and olive, take the place of butter.

[ca.1975]

生涯にわたるケージの肖像写真を眺めてみると、時期によってかなり容貌が変化していることに気づく。ロサンジェルス・ハイスクールでトップクラスの成績をとっていたころの写真は、良家のご子息といった感じで身なりの良い都会風のエリートだが、ヨーロッパでの遊学から戻ったあとは顔にニキビのある、田舎っぽいがたくましい青年になっている。一九七〇年代に入ってからはでっぷりとした体格になり、キノコ狩りの様子を撮った一枚は手首が太く、むくむくとひげを蓄えた顔も一回り大きく見える。豪放磊落《ごうほうらいらく》なイメージ。それが晩年にはすっきりとスリムになって、あのビッグ・スマイルが健康的に輝いている。

じつは四〇代の終わりごろからケージは関節炎を患い、何人もの医者から手の施しようがないと言われていた。中国人の医師から食事を変えるよう指導されたこともあったが、放っておいたため、一九七七年一月には手首や足が腫れ、指がまがり、ついに痛みで眠れないまでになってしまっていた。その惨状を隣人で親交のあったオノ・ヨーコに嘆いたところ、すぐに「山本静子のところへ行きなさい」と勧められた。そして山本による食生活の指導や指圧のマッサージのおかげで、やがて体重がみるみる減り、関節の痛みから解放されたのである。

山本が指導したのはマクロビオティックの食事だ。基本は玄米と豆を食べ、野菜料理とみそ汁、お漬物という内容。まったくの菜食ではなく、動物性タンパク質は魚と鶏肉が中心で、ハーブやスパイス、レモン汁を使うなど、自分でおいしく食べる工夫をした。バターを欠かしたことがなかった食卓は様変わり。大好きなキノコも少量のゴマ油で炒めて、最後に少し醤油を垂らして食べた。ツアー先でもこうした食事を貫き、来日時には日本の催しの主宰者たちが店選びに難儀したらしい。ちなみに、当時ヨーコと一緒に住んでいたジョン・レノンは彼に六冊の精進料理の本をプレゼントしたそうだ。ケージ自身、なかなかの料理好きだったという。

引用文は「私たちはどこで食べているのか？　そして何を食べているのか？（アリソン・ノールズの主題による三八のヴァリエーションズ）」というタイトルの文章につけられた序文の一節。もともと一九七五年頃に書かれ、ピア・ジルベルト作曲の《フード》で用いられたとのことだが、内容はひたすら、どこで何を食べたかについての記録になっている。「デリーに到着。何人かはモーティ・マハルで昼食をとった。黒っぽいリンゴ酒でのどに流し込まれたタンドリー・チキン。全員が夕食はそこだった」、「私たちはパリのリブー家に招待された。ちょうどインドから新鮮なマンゴーでいっぱいの大きな箱が届いたところだった。私たちはなくなるまで食べ続けた」。他にはモーテルで料理人にチキンの調理法を、「内臓とセロリ、パセリ、オニオンを切って、一ポンドのバターでソテーして」などと説明したという記述も出てくるので、つらつら読んでいても楽しい。

現代は食べ物の写真をインスタグラムに載せるのが流行っているが、このエッセイは写真こそないけれど、食べ物による旅の記録という点で通じるものがある。いつの時代も、何をどこで食べるかは、人びとの最大の関心事だ。

John Cage ca.1975. "Where Are We Eating? and What Are We Eating? (38 Variations on a Theme by Alison Knowles)." in *Empty Words: Writings'73-'78*. Middletown, Connecticut: Wesleyan University Press, 1979, p.79

なぜ、人びとが新しい発想を恐れるのか、
理由がわからない。
私なら古い発想を恐れる。

I can’t understand why people are frightened of new ideas.
I’m frightened of the old ones.

[1977]

「万物は流転する」。つまり世界はたえず変化し続けていて、同じ川に二度入ることはできないという主張は、古代ギリシャの哲学者ヘラクレイトスの思想として、プラトンが対話篇で言及したものである。ヘラクレイトスはその背後に火としてのロゴスの存在を強調するのだが、同じような思想が古代中国の形而上学だった『易経』にもみられる。「易」という文字は諸説あるものの通説ではトカゲを象《かたど》ったもので、トカゲが環境によって体の色を変えることから、「変化」を象徴している。そこからもわかるとおり、『易経』は変化の書（英語ではBook of Changesと訳される）であり、万物の起源とされ、「太極」から自然界のあらゆる事物が生まれる変化を説明する学問と考えられた。

一九五〇年から易占いにこだわってきたケージの創作を貫く理念を一つ挙げるなら、「変化」ということになる。すべての物事は変化する。それは個人の体験についても同じだ。昨日、起こったできごとによって、今日の自分が体験するものは変わる。観方や聴き方は日々、変化していくのである。だから、一つの発想や思考は日々、古びていく。そこで立ち止まってしまうとしたら、私たちは変化し続けている世界から取り残されてしまう。自分の芸術を、自然の、環境の、社会のモデルと考えてきたケージが立ち止まることを恐れたのは不思議ではない。

あるオランダの音楽家に「ヨーロッパにいるあなたにとって、音楽を書くのはむずかしいことでしょう。なにしろ、伝統の中心にとても近いのですから」と述べたとき、あるいは「日日是好日《にちにちこれこうじつ》」を引用しながら「現代音楽は、未来の音楽でも過去の音楽でもなくて、ただわれわれとともにある現在の音楽である」と主張したとき、ケージは自分が刻々と変化することを好んで受け入れていた。

その変化は作曲方法のアイディアにも及んだ。チャートから易占いで音やリズムの素材であるギャマットを選ぶ偶然性の音楽、図形楽譜による不確定性の音楽、タイムテーブルと場所のみが決められたミュージサーカスなど、ケージは一つの方法に留まることなく、つぎつぎと新たな方法を開拓する。

そして一九八〇年ごろから使い始めたのが「タイム・ブラケット」である。タイム・ブラケットを用いた楽譜には二種類ある。その一つが固定ブラケットで、括弧で括られた五線譜の断片に単音や和音を記し、それらの音符が奏でられる時間の範囲を確定する。たとえば、断片の始まりに「1'35"」終わりに「2'30"」と書かれていれば、曲の始まりから一分三五秒経過した時点から二分三〇秒までの間にそこに書き込まれた音符を奏でなければならない。もう一種類のより柔軟なタイム・ブラケットでは括弧で括られた楽譜の始まりと終わりのそれぞれに時間の幅が設けられているので、タイミングがより不確定になる。たとえば、一九八四年から八七年にかけて書かれた《Music for　》のピアノ1のパートには、楽譜の始まりに「10′10″↔11′10″」と記され、終わりに「10′55″↔11′55″」と記された柔軟なブラケットがある。休符で始まり、一音だけが書き込まれ、再び休符で終わる楽譜で、その一音を一〇分三〇秒で弾いても、ぎりぎり一一分一〇秒で弾いてもよい。ただし、一一分五五秒までには弾き終わり、休みをとらなければならない。さらに複数の演奏家が関わる演奏になると、タイム・ブラケットに書かれた短い楽想を演奏する多数のやり方が重なりあい、演奏ごとに音響が変化する。

　最晩年に作られた「ナンバー・ピース」という一連の作品ではほとんど、このタイム・ブラケットが用いられた。『易経』と出会ってからのケージは生涯、変化をとことん追求し、心から楽しんでいたのである。

↗

Arnold Jay Smith 1977. "Reaching for the Cosmos: A Composers' Colloquium." in Richard Kostelanetz 1991 ed. *Conversing with Cage*. New York: Limelight Editions, p.207

愛国心？　それは宇宙へ持っていけ！

Patriotism? Take it with you out into space!

[1983]

二一世紀に入って、日本では明治以来語られてきた「愛国心」が道徳教育と結びつき、にわかに議論を呼び起こしている。第一次安倍政権のもと、「愛国心」教育が盛り込まれた新しい教育基本法が二〇〇六年に公布・施行され、やがて道徳の教科化が打ち出された。現代日本のように天皇が象徴としての存在となり、王様や君主などアプリオリに尊敬すべき人格が目の前にいない状況のもとでは、国民としてのアイデンティティを醸成するため、抽象的な愛国心が語られることになる。かつてイギリスの貴族たちは主従関係にある国王への忠誠を誓うことができたが、イギリス本国に謀反《むほん》を起こして成立したアメリカ合衆国において国民のアイデンティティが人格への忠誠心ではなく、抽象的な愛国心によって語られたのはわかりやすい事例だと言えよう。そんなアメリカ建国以来の精神に、ケージは疑問を投げかけたのである。

偏狭な愛国心を乗り超えたという意味では、音楽史においてもバルトーク・ベーラの例がある。二〇世紀初頭、祖国ハンガリーへの熱烈な愛国心を表明したバルトークは、古いマジャール民謡を採集し保存するフィールドワークやピアニストとしての国際的な活動を体験したのち、国家や民族を超えて思考するコスモポリタン（国際人）となった。自民族を深く愛した彼は他国にも同じく愛国心をもつ人びとがいることを実感できた。コスモポリタンという言葉からは現在、ヨーロッパで存続や離脱をめぐって激しい議論が展開されているEUや国際連合など、現実に国を超えて存在する組織がイメージされる。だが、ケージが言おうとしたのはそういうことではない。国家や民族を超えるだけではなく、愛国心を宇宙までもっていってしまうのだ。

もちろんSFのような宇宙連邦を構想したのでもない。ケージの脳裏にあったのはアナーキズム、つまり国家といった政治体制のない状態を実現することだ。バックミンスター・フラーが「宇宙船地球号」という言葉で表明した、国家を超えて地球を一つの宇宙船と捉える考え方がヒントとなった。地球と人類がこの先も生き残るためには専門的な学問領域や個別の国家などの限定的なシステムでは課題が解決できない。グローバルな操作のもとで衣食住やエネルギーを満たし増やすためのテクノロジーこそが人間の生命の維持に役立つのである。さらにマーシャル・マクルーハンが一九六二年の『グーテンベルクの銀河系』で主張したグローバル・ヴィレッジ（地球村）の発想も、ケージのアナーキズムに拍車をかけた。もはや人びとはメディアを通じて、国家という単位とは異なるコミュニティを形成している。インターネットが普及した現代社会を予言するマクルーハンの主張も、愛国心をはるか宇宙へと放り投げ、強い政府の存在しないアナーキーな社会を想定していた。

だが、アメリカ同時多発テロ事件に始まった今世紀は、ケージの想いとは裏腹に各国の保守化の度合が増し、排他的な方法で自分たちの国家や民族を守ろうとする意識が高まっているかにみえる。ＥＵを離脱するイギリスしかり、トランプ大統領のアメリカしかり。そして、日本しかりである。

John Cage 1983. "FOREWORD." in X: *Writings'79-'82*. Middletown, Connecticut: Wesleyan University Press, 1983, p. ix

まさに音楽こそが、その寛容さから、
私を絵画へと引き戻してくれたのです。

And it was music that out of its own generosity brought me back to painting.

[1984]

ケージが美術の創作に興味を持ったのは一〇代の終わりごろだった。遊学していたヨーロッパで新しい絵画を観てまわり、マジョルカ島では作曲を試みるとともに絵を実際に描いている。帰国後は自分で近隣の主婦たちを誘って、ヨーロッパで見聞きした現代芸術について講演するアルバイトをした。彼はほどなく音楽に照準を定めるのだが、描くことへの好奇心はずっと燻《くすぶ》っていたにちがいない。

引用したのは一九八四年のインタビューでの言葉。一九五〇年代始めに、ケージは音楽の時間を楽譜の空間と比例させる記譜法、たとえば一秒の四分音符を二・五センチの間隔で書き込むといった楽譜を考案する。当時、ヨーロッパの電子音楽スタジオで誕生したばかりだった磁気テープの音楽にさっそく興味をもった彼は、録音された磁気テープを切りとり、断片をつないで制作するとき、音楽の時間がテープの長さと物理的に比例することに気づいた。これを楽譜に応用したのが時間と空間の長さが対応する独自の記譜法である。こうした体験から音楽と美術は分離していないと確信したケージは、その後、多彩な図形楽譜を考案し、やがて音楽から独立したビジュアル・アートへと向かうことになった。

ケージの描いた図形楽譜はシンプルながら、観ていて楽しい。一九五八年の《ピアノとオーケストラのためのコンサート》で全面的に図形楽譜によって書かれたピアノ・パートが、初演の前にニューヨークのギャラリーで展示されて話題となったのは有名だ。五〇代の後半からは美術作品も数多く発表した。一九六九年に実現された最初の大きなプロジェクトが《マルセルについては何も言いたくない》。二つのリトグラフと、プレクシグラス（透明度の高いアクリル樹脂）のパネルにシルク・スクリーンでプリントされた八つのオブジェからできた作品だった（ケージはこれをプレクシグラムと称した）。ケージはここでも作品を作るプロセスでコイン投げによるチャンス・オペレーションズを応用し、摺師《すりし》やアシスタント・デザイナーの助力を得て、作品を完成している。

同じインタビューの中で、ケージは「絵を描いているとき、自分が音楽に対して不誠実だとは思いません」と述べている。生涯にエッチングとドローイングを八〇〇点以上、リトグラフやプレクシグラスのパネル、水彩画など数々の美術作品を作っていることからも、彼の中では描くことも作曲することと同質の作業だったのかもしれないと感じる。絵具と紙の傍らにはつねに易占いのためのチャートやパソコンがあり、たとえば煙のあとを固定化して残す方法を試行して、その瞬間だけの偶発的な模様を表現に加えた。そして、単一の視点ではなく、複数の視点から観ることのできる作品の創造をめざしたのも、聴く人ごとに異なった音響像が立ち現われるような同時多発の複雑な音楽を作ったことと相通じるものがある。ケージの発想はまぎれもなく音楽家のものだと思われるが、どのようなメディアでもその発想を実現することが可能だったという点に、彼の芸術性の質が端的に表れている。

Ev. Grimes 1984. "John Cage. Born 1912" (in manuscript), in Richard Kostelanetz 1991 ed. *Conversing with Cage*. New York: Limelight Editions, p.184

いわば、芸術家から自由でありながら、
環境との接触のしるしを残している部分、
それこそ私が探したいものです。

The part that was free of artist, so to speak,
but that nevertheless had some contact with circumstances
that left marks on it, that's what I would be looking for.

[1991]

一九七八年の元日、ケージはオークランドにある版画工房クラウン・ポイント・プレスへと向かった。彼の信奉者の一人で、その会社のオーナーだったケイサン・ブラウンが、エッチングを学んでみないかと誘ったのである。ドライポイントに始まり、ハードグランド、ソフトグランドなど、そこで使える技法を次々と試しながら、道具選びなど、選択が必要な場面では『易経』を用いて作業を進めた。最初の一週間で《パート譜のないスコア（ソローによる四〇のドローイング）》と《七日間の日記（不知）》などを仕上げている。この体験がおもしろかったのだろう。それから毎年、一、二週間をここで過ごすようになり、亡くなるまで滞在回数は一五回にのぼった。ここでのエッチングのプロジェクトから生まれたのは二七グループのプリントで、そこには六六七点の個別の作品が含まれている。

引用文は一九九二年の一月にクラウン・ポイント・プレスで作ろうとしていた版画《HV2》について、前年の九一年一〇月二二日に行われたインタビューで語った説明である。ケージが亡くなったのは九二年の八月一二日なので、最晩年の作品ということになる。HVというシリーズの名前は「水平に horizontally」と「垂直に verticaly」という言葉から作られていて、この《HV2》はクラウン・ポイント・プレスに散らばっていた版画の残骸から素材を選び出して、そこへ易で占って決めた彩色をほどこし、様々な傷はそのままにして、水平・垂直に配置したものである。偶然の素材、偶然の色、偶然の配置、そして偶然の傷……まさにケージが思い描いてきた世界のすがたが、一枚一枚のシートに写し出されている。

このほか、ニューヨークでは八三年からドローイングを始め、使う鉛筆の濃さから画用紙に石を置く位置まで易で占って決める《どこにR＝龍安寺（Where R=Ryoanji）》シリーズなど、亡くなるまでに一五〇〇点あまりの作品を仕上げた。また、ヴァージニアのマウンテン・レイク・ワークショップでは、二回のセッションで一一四点の水彩画を描いている。シリーズ化されていない単独の作品もいくつか残していて、亡くなる年には映像も作っていた。

最晩年にはロサンジェルス現代美術館の依頼で、巡回展覧会「ローリーホーリーオーバー：ミュージアムのためのサーカス」を企画している。ケージ自身の作品を他の芸術家の作品とともに並べる展示なのだが、どの作品をどこに置くのかは毎日、易占いの結果によって変化するという驚くべき内容だった。展覧会のほかに演奏を組み合わせ、また、書簡やレシピ、楽譜といった大きさの異なる様々な紙片と小冊子をアルミニウムのボックスに納めたカタログを制作。この展示は彼の死後である一九九四年から五年にかけて、日本の水戸芸術館でも開催されている。

彼の美術作品は音楽作品と同様、何も語りかけようとはしない。「心を静め、和らげるために」作られた彼のあらゆる作品は、それらを体験する人をひたひたと穏やかで静謐《せいひつ》な気分で満たすところに最大の美点がある。

John Cage and Joan Retallack 1991. “VISUAL ART: Cage's Loft, New York City: October 21-23, 1991” in Joan Retallack 1996 ed. *MUSICAGE: Cage Muses on Words, Art, Music.* Hanover, New Hampshire: University Press of New England, Wesleyan University Press, p.133

少しでもアイルランドの血を引いていたら良かったのですが、実際にはそうではありません。

I would love to have some Irish blood, but I don't.

[1985]

アイルランドとはいくつもの縁があり、大好きだと公言していたケージ。彼にとってのアイルランドは、まず、ジェイムズ・ジョイスの故郷だった。ジョイスの作品に興味をもったのは一〇代終わりで、ちょうどヨーロッパを放浪していたときのことだ。イタリアのカプリ島で知り合った青年ドン・サンプルと恋におちたのだが、サンプルはハーバード大学出身で文学に造詣が深く、ケージにヨーロッパの現代文学の手ほどきをした。その頃、彼に教えられた『トランジション』という雑誌で、ジョイスの「進行中の作品」の一部を読んでいる。これが後に『フィネガンズ・ウェイク』と改題されることになったジョイスの代表作だった。

一九三九年に出版された『フィネガンズ・ウェイク』はいつもケージの傍らにあったが、アイルランド、そしてジョイスへの関心をさらに深めることになったのは、神学者ジョセフ・キャンベルとの交流のおかげだった。一九四二年六月にニューヨークへとやってきたケージは、まもなくキャンベル夫妻のアパートに身を寄せている。キャンベルは映画監督のジョージ・ルーカスに『スターウォーズ』のヒントを与えたことで有名で、とくにキャンベルの著作『千の顔をもつ英雄』に書かれていた英雄伝説の基本構造をそっくり模倣したことが、世界的ヒットの要因となったと言われている。この本は古今東西の神話と民話に登場する英雄たちの冒険譚を比較した神話研究の成果である。アイルランドの古い神話にも言及していて、ケージはそこから、プリペアド・ピアノのための《危険な夜》というタイトルを引用した。さらに、キャンベルは小説家のヘンリー・モートン・ロビンソンとの共著で『フィネガンズ・ウェイクを開く鍵』という本を出版している。

アイルランドへの想いが作品として結実したのが、一九七九年に放送初演となった《ロアラトリオ：『フィネガンズ・ウェイク』によるアイルランドのサーカス》である。四つのユニット、すなわち、ジョイスの本に出てくるアイルランドの音、伝統的なアイルランド音楽、ケージの作ったメソスティックス『フィネガンズ・ウェイクを再び書き抜ける』の朗読、『フィネガンズ・ウェイク』に出てくる世界各地の音というユニットを重ねたコラージュ作品で、この曲のためにケージ自身、アイルランドに一九七九年六月一五日から一カ月滞在した。ダブリンをはじめ一五〇か所を訪れて、『フィネガンズ・ウェイク』に描かれているアイルランドの音の風景を録音している。さらに、シベリアやシェットランド諸島、パタゴニア、リマ、マドラス、長崎などジョイスの小説に出てくるおびただしい数の世界の地域から音源を集めるために多くの友人たちに手紙を書いて、協力を依頼した。日本にも愛好家の多いアイルランド音楽は、有名な伝統音楽の演奏家たちによって、フィドルやフルート、イリアン・パイプ、バウロンで奏でられ、アイルランドの著名な歌手も参加した。そこへ鳥のさえずりや物売りの声、赤ちゃんの泣き声、海の波音や地震の地鳴り、嵐の風音などに混じって、メソスティックスを朗読するケージの声が絡む。まさしく、そこでは『フィネガンズ・ウェイク』に綴られた世界が音をたてていた。

　ちなみに、ケージはイングランド人の血統で、ほんの少しフランス人とスコットランド人の血が混じり、もしかしたらスウェーデン人の血も入っているという。

John Cage and Stephen Montague 1985. "John Cage at Seventy: An Interview." in *American Music* 3. No.2(Summer 1985) p.215

前衛とは精神の柔軟性だ。
そして夜のあとに昼が来るように、
政治や教育の餌食にならなければ
精神は柔軟になる。

The avant-garde is flexibility of mind
and it follows like day the night
from not falling prey to government and education.

[ca. 1982]

ジョン・ケージというユニークな音楽家の創作を価値づけ、芸術史の大きな文脈へと位置づけるため、学者や評論家は多くの言葉を費やしてきた。彼自身の定義を借りて実験主義と名づけたり（ホアキン・ベニテズ）、八〇年代以降のポスト・モダニズムと関連づけたり（アレステア・ウィリアムズ）、ときにはヨーロッパのハイ・モダニズムに近いことを指摘しながら（デヴィッド・W・バーンスタイン）、あの手この手を繰り出して、ヨーロッパ流の「前衛」とは異質の存在として説いてきた。だが、本人はそんなことにまったくお構いなしだ。ここでは「前衛」を、自分も含む人間のあるべきすがたとして記述している。

ケージがこの言葉を書いたのはおそらく一九八二年ごろのことだ。「日記：どのようにしてより良い世界を作るのか（やってみても事態は悪くなるだけだろう）一九七三－一九八二」の終わり近くに掲載されている。最近、よく人から「前衛」とはどういうもので、それは終わってしまったものなのかと訊ねられるが、そんなことはないという文に続いて、この言葉が出てくる。ちょうど日本でも、「前衛」あるいは括弧付きの「現代音楽」は終わったという言説が流行ったころである。

確かに二〇世紀の音楽を牽引してきた「前衛」の思潮、すなわち歴史上、かつてなかった新しい音楽を創造しようとする動きは、総音列音楽や音群作法が一世を風靡したあと、閉塞状態にあった。もはや過去の遺産と関わりをもたない創作など不可能なのではないかという思いを、多くの人たちがこの時期に抱いていたはずだ。すでにルチアーノ・ベリオがバッハから現代までの楽曲の断片を引用した《シンフォニア》を発表してから一〇年あまり、ミニマル・ミュージックの反復技法を生かしながら伝統に根ざした大規模な劇場作品に挑んだフィリップ・グラスの歌劇《浜辺のアインシュタイン》がすでに初演されたあとのことだ。

しかし、ケージは「前衛」が存在し続けていることをいささかも疑っていない。なぜなら、彼にとって「前衛」とは芸術史上の思潮ではなく、どんな人にも必然的にそなわっている精神の在りようだったからである。政治に象徴されるような権力によって、あるいは学校などの教育によって過去の価値観へと誘導されることがなければ、精神は柔軟性を保つことができ、新しいものを生み出す源泉となる。そして、ケージ自身、何歳になってもしなやかな精神を失うことのない「前衛」であり続けた。

ケージは前書きに「日記のこのパートを書き始めたのはちょうどニクソン政権下だったが、近年まで完成することが出来なかった。他の多くの楽観主義者と同じく私は昨今の一連のできごとに口がきけないほど打ちのめされた」と政治への失望を記している。ここで政治と教育を槍玉に挙げたとき、彼はウォーターゲート事件などを思い浮かべていたのだろうか。
ちなみに「日記：どのようにしてより良い世界を作るのか」は一日に書く文章の数と個々の文章を構成する文字数などを適宜、易で占いながら、アイディアや主張、他の人の言葉や物語をモザイク状に綴った文章である。一九六五年から八二年まで断続的に書き続けられ、『月曜からの一年』『M』『X』といった書籍に収録された。

↗

John Cage 1973-1982. "Diary: How to Improve the World (You Will Only Make Matters Worse) Continued 1973-1982." in *X. Writings '79-'82*. Middletown, Connecticut: Wesleyan University Press,1983 p.168

まわりの「沈黙」に対して、
一度に一つずつ示される複数の
「くっきりと縁どられた」開始と終了、
すなわち一つ一つが
聴衆と同じ空間内にある彫刻の展覧会。

An exhibition of several, one at a time,
beginning and ending “hard-edge”
with respect to the surrounding “silence”,
each sculpture within the same space the audience is.

[1989]

これはケージの一九八九年の作品《音楽の彫刻》の楽譜の文章である。楽譜と言っても音符も図形もなく、単にアクションのための指示が言葉で記されたもので、八つの文からなる、わずか一枚の楽譜／指示書だ。その冒頭に、マルセル・デュシャンの言葉が引用されている。《音楽的誤植》と同じ《グリーン・ボックス》の中に入っていた小さな紙切れに書かれたメモで、「さまざまな地点から生じる複数の持続音で、継続する音響彫刻を形作るもの」という記述である。短い文による指示の形態も、抽象化された概念的内容も、まるで一九六〇年代前半のフルクサスの作品のようだ。そのあとに引用したケージの言葉が続く。さらに反復や変奏はなしで、音源はいくつでもいいが、少なくとも個々のグループは三つの変化しない音から構成されること、どのぐらいの長さでも良いこと、アコースティックな楽器でもエレクトロニックな機材でもかまわないことが説明されている。

「音響彫刻」の代表作というと、フランスのバシェ兄弟による音の出るオブジェを思い浮かべるかもしれない。視覚的にも美しい彼らの音響彫刻は一九七〇年の大阪万国博覧会の鉄鋼館で日本にも紹介された。その後、倉庫に眠っていた当時の作品そのものが、二〇一七年に東京藝術大学で修復されたことは記憶に新しい。この場合の音響彫刻は音のでる美術作品、あるいは美術的な展示が可能な楽器といった意味だろう。

これに対して、デュシャンの音響彫刻、そしてケージの《音楽の彫刻》は音そのものが彫刻のように空間配置されていることを意味している。デュシャンの音響彫刻は一九一二年から一三年にかけて作ったと考えられている三点の音楽関係の作品のうち、ケージが晩年に最も意識していた作品だ。一九八〇年代に入って、ケージは変化しない音、つまり持続音に興味を抱くようになる。冷蔵庫のモーター音や空調の音、窓の外の道路を行き交う車のエンジン音など、変化に乏しいまま持続している音が暮らしの中には溢れている。サウンド・スケープ（音風景）という考え方を提唱したカナダの作曲家、マリー・シェーファーはこうした音の在り方を近代の産業革命以後に生まれた音響として批判的に語っているが、あらゆる音現象を受け入れようとするケージは、不変のまま、そこにある持続音も楽しんで聴けるようになった。

このような音をケージは彫刻と同じく、そこにあることによって空間や環境を体験できるような働きをすると考えていた。たとえば、一九八六年の《岩》という作品ではラジオやテレビ、テープ・レコーダー、カセット・プレイヤーなど、変化しないノイズを発する機器を少なくとも六個、組み合わせて用いる。時間は決められていない。多様な持続音が重なり合う音響現象が浮かび上がらせるのは、それらの音響が響いている空間そのものなのである。

ここで言う「音楽の彫刻」は、現在の文脈ではサウンド・インスタレーションと呼ぶのがふさわしいかもしれない。デュシャンには一九一六年に《秘められた音に》というタイトルのレディ・メイド作品がある。これはボルトで四か所とめた二枚の金属板の間に船舶用の麻紐で編んだボールを挟み、その中にパトロンだったウォルター・アレンズバーグが何かを入れ、振るとそれが音をたてるというものである。これはこれでおもしろいサウンド・オブジェではあるが、「音楽の彫刻」の場合にはこれとはちがって、それが設置された空間との関係が重視される。あたかも日本庭園に据えられた石のように、それ自体は時間的な変容も空間的な移動もしないのだが、不動のまま、空間を明確にするのである。

John Cage 1989. "Sculptures Musicales" (Peters; 67348), New York: Henmar Press

私たちはグローバルな状況へと
向かっています。（…）
そして、私たちが
みんな同じ場所にいる事実、
誰か一人にとっての問題は
みんなにとっての問題であるという
事実を認めるようになることです。

We're moving toward a global situation. […]
And to begin to recognize the truth,
which is that we're all in the same place and
that the problems that are for one of us are for all of us.

[1990]

ケージがこの発言をするひと月ほど前、一九九〇年八月二日にフセイン大統領は一〇万人規模の軍でクウェートへの侵攻を開始した。関係諸国によってこの攻撃を食い止める交渉がぎりぎりまで行われたが、結局、誰もこれを阻止することは出来なかった。翌月の九月六日に行われたインタビューで、ケージは「私たちは銃ではなく、言葉を使うべきです」と語り、湾岸危機をめぐるアメリカと当時のソ連の関係などに言及したのである。イラン・イラク戦争終結後のイランの経済状況が引き金を引いたわけだが、その背後には石油をめぐる超大国の利権争いが働いていたことはまちがいない。九一年にはブッシュ大統領の号令で多国籍軍が結成され、湾岸戦争へと突入する。そして同年一二月、ソビエト共産党が解体され、ソ連崩壊にいたったのである。

このあと一気に加速したのがアメリカを中心に展開されたグローバリズムである。本来であれば「グローバル」という言葉は地球的なものを意味するのだから、アメリカ的なものを指すわけではない。ケージは高校時代、汎アメリカ主義をめぐって弁論大会で演説したことがあったが、そのころの汎アメリカ主義とはせいぜい南北アメリカ大陸、広くとっても大西洋と太平洋をめぐる関係という意味であった。戦後の東西対立、すなわち米ソ対立の時代には、両大国ともに自国だけで世界を代表しているとは思っていなかった。

ところが、ソ連崩壊で一気にグローバリズムと汎アメリカ主義の相違がなくなってしまったのである。企業人にせよ大学人にせよ「グローバル能力」と言えば必ず英語、より正確にはアメリカ風の英語を使いこなす能力を意味している。明治時代から高度成長期にいたるまで、日本人もここまでドイツ語やフランス語、ロシア語の価値が暴落するとは思っていなかっただろう。九〇年代に流行語のように語られた「グローバル」とは、結局のところ、世界最大の経済規模をもち、軍事力に裏付けられていたアメリカの経済の仕組みを地球規模で浸透させていくことだった。

ケージにとっての「グローバル」がこのような経済の動きとはまったく無関係だったことは言うまでもない。引用文が含まれていたインタビューで、ケージはバックミンスター・フラーが何年も前に主張したように、最初にしなければならないのは国家というまとまりから抜け出すことで、そうなればみんなが他の人の問題も自分のものとして引き受けることになり、政治や経済によって曇らされることなく、いかにこうした事態を正すことができるのか、心を砕くことができるだろうと述べている。国や地域といった枠組みを超え、世界が一つの共同体であるという認識をもって、環境や食料、人口やエネルギーといった問題を協力して解決していこうという呼びかけは数十年の時を経た現代人の心にも重く響く。

ケージが社会問題へと目を向けた壮年期の文章やインタビューには、青年期と同じく国家に対する利己主義批判が通奏低音のように響いている。しかし、アメリカ合衆国が社会の動きを止め、自己主張をやめたら、他の国の人たちを理解できるというかつて思い描いたユートピアは、ケージが七〇代になっても実現してはいなかった。生まれながらの楽観主義者だった彼も、晩年になると世界がますます悪い方向へ動いていると感じて、悲観的な想いに悩まされたという。

John Cage and Joan Retallack 1990. “WORDS: Cage’s Loft, New York City: September 6-7, 1990” in Joan Retallack 1996 ed. *MUSICAGE: Cage Muses on Words, Art, Music.* Hanover, New Hampshire: University Press of New England, Wesleyan University Press, p.44

芸術の目的は心を静め、
和らげることなので、
心は偶然に生じたことと
調和するのである。

Art's purpose is to sober and quiet the mind
so that it is in accord with what happens.

[1978-1992]

ケージをクラウン・ポイント・プレスへ誘い、エッチングを勧めたケイサン・ブラウンは二〇〇一年にケージのビジュアル・アートについての本をまとめて出版した。その中で、ケージが語った言葉として、引用文を記している。ちょうど彼女と印刷技師たちが技術的な問題にぶつかり、イライラしていた時、そうしたことを問題にすること自体が問題だとケージは語り、続けてこう言ったのである。ブラウンがケージを最初に招待したのが一九七八年だったことを考えると、この会話が繰り広げられたのは晩年のことだったと想像される。

じつは「芸術の目的は心を静め、和らげることである」という考え方を知ったのはずっと以前、一九四八年に出会ったインドの裕福な商家の娘であるギタ・サラバイからである。ケージはちょうどクセニアとの離婚訴訟に決着がついた年に、北インドの古典音楽であるヒンドゥスターニー音楽の演奏家でニューヨークに西洋音楽を学びに来ていた二五歳のサラバイと知り合った。当時のケージはカウンセリングでも解決できないまま、精神的な痛手を抱えていたものの、サラバイに西洋音楽について教え、サラバイからインド音楽、とりわけその芸術観や芸術思想を学ぶことが、癒しの効果をもたらしたようだ。

とくに重要だったのがインドで曲を作る伝統的な意味を教わったことで、それは

「心を静めて、神聖な影響を受けやすくするため」というものだった。友人の作曲家ルー・ハリソンも同じころ、一七世紀バロック時代に活躍したイギリスの音楽理論家で、リュートやヴィオールを奏で、作曲もしたトーマス・メースの文章に「心を静めて、神聖な影響を受けやすくするため」という音楽の目的が書かれていたと教えてくれた。スリランカの美術評論家アーナンダ・クーマラスワミーの『美術における自然の変容』によれば、中世ドイツの神秘主義者マイスター・エックハルトの著作にも同様の内容が記されていると言う。この数奇な偶然から、ケージは音楽の目的を「神聖な影響を受けやすくするため、心を静め、和らげること」だと悟ったのである。離婚から立ち直ろうとしていた彼にとって、とても勇気づけられる言葉だったにちがいない。

それから三〇年以上の歳月が流れたが、驚くべきことに、芸術の目的についてのケージの考え方に変化はなかった。音楽のみならず、美術や文学なども含んだ芸術の目的として、この言葉を深く心に刻んでいたのである。しかし、「神もしくは神聖なものの影響を受けやすくするため」という部分は削げ落ちて、ここでは偶発的に生じたこととの調和が語られる。静かで和らいだ心、つまり自我から離れた心には自然や環境、すなわち偶然、生じた音や形のすべてが等しい価値をもち、耳や眼を通じて芸術と自然は調和する。ケージはエッチングの体験についても、以前からの関心事であった禅の考え方をめぐる事柄から遠いものではなかったと述べている。禅の修行を想起させる厳格さをもって、ケージはあらゆる音と形を受けとめていた。

↗

Kathan Brown 2001. *John Cage: Visual Art: To Sober and Quiet the Mind.* San Francisco, California: Crown Point Press, p.45

一つ一つの音が宇宙の中心にあって、
耳を傾ける価値があると思います。

I think of each sound as being
at the center of the universe worthy of being listened to.

[1992]

著名なピアニストがステージで「月光ソナタ」を弾いている。静かに繰り返される分散和音にのせて奏でられる主題が高い音域へ移り、いよいよ展開されていくというそのとき、どこかで携帯電話の着信音が鳴った。あわてて電源を切ろうとする持ち主、批判のまなざしで振り返る人、心の中で「なんだ、いいところで」と苦虫をかみつぶす人たち。このホールのなかではベートーヴェンの音楽が唯一絶対の中心。着信音は言うに及ばず、飴の包み紙を開く音や咳、衣擦れの音もあってはならない。音楽をめぐる伝統的な制度は、楽曲の内部であろうと外部であろうと、ありとあらゆる音の間に中心から周縁までの価値のヒエラルキーを作っていくことが基盤となっている。

暇さえあれば、包み紙をくしゃくしゃと丸めてみたり、引き出しをばたんと閉めてみたり、周りにある物から放たれる音に聴き入るケージにとって、このヒエラルキーはまったくのナンセンスだ。「月光ソナタ」と着信音が重なり合い、客席から放たれては消えていく音たちを聴くのはおもしろい。もっと多くの現象が重なり合ったら、どんなサウンドが聴こえてくるだろうか。ブラック・マウンテン・カレッジでの《シアター・ピース No.1》にはじまり、折に触れて自ら実践した《四分三三秒》、ラジオの使用からコンタクト・マイクを用いる不確定性の音楽へと展開してきた一連の《ヴァリエーションズ》、古今のオペラを粉々にしてコラージュした《ユーロペラ》のシリーズ、そして《ミュージサーカス》へといたる作品群は、こうしたケージの好奇心から生まれた。どんなタイミングでどんな意図で、また、どんな手段で発せられた、どんな特性の音であっても、等しく耳を傾ける価値がある。なぜなら、それらは一つ一つが宇宙の中心なのだから。

「宇宙の中心」という表現は鈴木大拙から借りたものだ。ケージは一九五八年の「コミュニケーション」という文章のなかで、大拙が「無礙《むげ》」を「全宇宙において個々の物事と個々の人間が中心にあり、さらに中心にある各々の存在こそ、あらゆるもののなかで最も尊いものであることを示している」と説明したと記している。一つではなく、すべてが中心であるという世界観は、あらゆる音に興味を感じてきたケージの感性を裏打ちするものだった。それからも生涯を通じて、「宇宙の中心」を語ることになる。

一九九二年六月二一日、ケージはフィレンツェでGAMO（Gruppo Aperto Musica Oggi）主催の演奏会に出席し、その冒頭でミケーレ・ポルツィオによるインタビューを受けている。引用文は「どうしたら、作曲家は自我と結びついた選択を捨てて、自分の活動を自然の活動と調和させることができるのでしょうか」という問いに対する答えのなかで出てきた言葉。音はそもそも人間に属しているのではない。すべて自然の中に存在しているのであって、どの音も宇宙の中心なのだとわかれば、選別することなく、等しく聴く価値を認めることができるはずだと、ケージは考えた。

Michele Porzio 1992. “Piccola conversazione I.” in *ITINERARI OLTRE IL SUONO JOHN CAGE.* SONORA, 1992,p.16

雑音でも楽音でも、
幸せに調和していない音など
聴いたことがない。

Whether they were noises or musical sounds
I have never heard any that did not go happily together.

[1992]

一九九二年六月、ケージはイタリアのペルージアに一週間ほど滞在する。「ケージとヨーロッパ」という催しへの参加が目的で、二二日には《One^{12}》が初演され、二三日には古い教会で《ミュージック・ウォーク》の演奏が行われた。翌日は笙奏者の宮田まゆみと打楽器奏者の中村功《いさお》が笙と水を入れたほら貝で演奏する《Two^{3}》の全曲初演を行っている。二三日には演奏会に先だってジャーナリストでパフォーマーのクレア・アン・マッツが短いインタビューをしたのだが、その最後を締めくくったのがこの言葉である。「人生、こんなに長く生きてきて、ようやく気づくなんて……」とほほ笑んだケージは、それから約二カ月後に他界する。宮田はのちに、「訃報をきいたとき、ついこの間までご一緒していて、お元気そうだったのに信じられなかった」と回想している。

キーワードは「調和」である。引用文の原語は go together だが、直前に語った in harmony with each other という表現を言い換えたものなので、ここでの「調和」はハーモニーと同義である。

ハーモニーの語源はギリシャ語のハルモニア。ピュタゴラスとヘラクレイトスが哲学に導入した観念で、ピュタゴラスは宇宙の本質としてのハルモニアを数の秩序に求めた。近代になってこれを音楽用語として用いたのが「和声」である。複数の音をどのように組み合わせて鳴らし、それらをどのようにつないでいけば美しい音楽が作れるのか。和声学はその方法論を一七世紀以降の膨大な作品群から抽出した。いまも作曲の初学者はこれを勉強するのだが、ケージは作曲を志したばかりの頃、師のシェーンベルクから「君は和声のセンスがないから作曲を続けても壁にぶつかるよ」と引導を渡されてしまう。それでも自分は一生、壁に頭をぶつけていくと音楽への決意を語った彼は、生涯をかけて、和声に代わるものを探し求めてきた。

和声学は禁則だらけの理論だ。響きが硬くなるから、これもダメ、あれもダメ。この音は次にこの音へは進めない……。しかし、ワーグナーもドビュッシーもシェーンベルクも禁則を破った。一つ一つ禁則を破ることで、新しい表現が生まれた。そしてケージは一足飛びに禁則をすべて破り去る。狭い感性に縛られていた音どうしの関係を一挙に解き放ち、「和声」とは無縁の、つまり音どうしのあるべき関係を求めない音楽へと突き進んだ。

ところが、楽音と雑音という境界を取りのぞき、あらためて人によってコントロールされていない音現象と向き合ってみたら、まわりにある音たちは境目なく互いに浸透しあって、みごとに調和しているではないか。それはピタゴラスの数の秩序とも、禁則だらけの近代の和声学の理論ともちがうけれど、自在に気持ちよく響いている。

人為的な美意識を差し挟まなければ、じつは音はすべて、そのままで自然のハーモニーのなかにあると悟ったというわけである。

↗

Clare Ann Matzc 1992. "Piccola conversazione II." in *ITINERARI OLTRE IL SUONO JOHN CAGE.* SONORA, 1992,p.64

私は
（マルセル・デュシャンの
すべての音楽作品について考えて）
パンドラの箱を開けた。

I have opened
(in thinking of the complete musical works of Marcel Duchamp)
a Pandora's Box.

[1988]

ケージが構想しながら、生前には実現しなかった作品の企画がいくつかある。たくさんの効果音に満ちた音楽になるはずが、実際にはシンプルな打楽器音楽となってしまったアメリカの詩人ケネス・パッチェンのラジオ劇《街はソフト帽をかぶっている》、マーシャル・マクルーハンの助言でジェイムズ・ジョイスの『フィネガンズ・ウェイク』からの発想を膨らませていた《一〇の雷鳴》、ジョイスの没後五〇年を記念して考案されたマース・カニングハムとの公演《オーシャン》など、上演されたら、きっとわくわくするような体験となっただろうと想像されるものばかりだ（ちなみに《オーシャン》は盟友のアンドルー・カルヴァーとデヴィッド・テュードアの協力で残された膨大な指示書から構成され、一九九八年一〇月三一日、新潟市民芸術文化会館でマース・カニングハム・ダンス・カンパニーが日本初演した）。

その中の一つに、彼が晩年に取り組もうとしていた「能オペラ」がある。ケージは一九八六年にサントリーホールの国際作曲委嘱シリーズで来日した。このとき、委嘱作の《エトセトラ2（4群のオーケストラとテープのため）》を世界初演した四人の指揮者うちの一人が岩城宏之で、ケージは二年後に岩城への手紙の中で、「能オペラ」のアイディアを提案している。東京コンサーツに保管されていた一九八八年四月二五日付のケージの手紙はこんなふうに始まる。「私はいま、能オペラのアイディアを温めています。サブタイトルは「あるいはマルセル・デュシャンの全音楽作品」です。作品は次の五つからなります。(一)彼が姉妹とともに歌う、帽子から取り出された歌（二）（石炭の代わりに）能とヨーロッパのオペラからの抜粋を収容したおもちゃの汽車（三）音楽的彫刻（四）アンフラマンス（コーデュロイをコーデュロイで擦る音）（五）《与えられたとせよ》のためのインストラクションの手引き（何かを取り除き、再びそれを戻す）」。そして、この公演の準備と実現に参加してほしい芸術家として、マース・カニングハム、カルヴァー、テュードア、小杉武久らの名前を挙げ、その他、能に詳しい日本のアシスタントが必要となることが述べられている。

手紙を受け取った岩城はこの提案に乗り気で、五月二〇日付の手紙には翌年、開館する東急文化村の新しいホールで上演したいとある。ただ、「アンフラマンス」という耳慣れない言葉の意味を始め、漠然とした内容についてはいくつかの質問をしている。六月一四日付のケージの返信には「アンフラマンス」が「超薄」のものを意味するために作られたデュシャンの造語であることを説明したあと、まだ、アイディアは具体化する段階にはいたっていないと告げている。その理由を説明したのが引用文。上演の長さは二時間一五分から三時間ぐらいになるだろうとしていて、最初は先に記した五つの要素から構成しようと考えたが、それ以上になりそうだとも述べている。

デュシャンから示唆されたアイディアが脳裏にふつふつとわいていて、まとめきれないといった感じが文面から読み取れる。結局、この作品が具体化することはなかったが、日本の能とヨーロッパのオペラをデュシャンという器に盛りこんでしまうという突拍子もない構想は、ケージの独創性を強く印象づける。六〇年に及ぶ彼の芸術活動を一貫して牽引していたのは、まさしく衰えることのないアイディア、その発想力だった。

↗

John Cage's letter to Hiroyuki Iwaki. Tokyo Concerts, 14 June 1988（未出版）

あとがき

ジョン・ケージとの出会いは人生を変える。まぎれもなく私も、人生が変化した一人である。

ケージと初めて会ったのは四回目の来日となった一九八一年八月二日、軽井沢・高輪美術館でのコンサートのあとである。時間にすればほんの数分だった。このときの会話は短かったが、その人柄を感じ取るには十分な時間だった。卒業論文で彼の音楽を取り上げてからまもなくの時期で、緊張しながらたどたどしく質問をする未熟な学生に、まじめに向き合ってくれた様子がいまも脳裏に浮かぶ。

それから、ジョン・ケージを追いかけることが私のライフワークになった。研究論文は書くたびに異なった視点からケージの音楽や活動を分析しようと試み、雑誌のケージ特集でエッセイや年表のまとめを依頼されることもあった。二〇〇九年の『ジョン・ケージ——混沌ではなくアナーキー』は、長年の研究をまとめた本である。生誕一〇〇年、没後二〇年にあたる二〇一二年にはサントリー・サマーフェスティバルで《ミュージサーカス》を共同監修する機会に恵まれ、研究とは異なる角度から自分のケージ観を表現することができたことも、望外の喜びだった。その後も、日本の新聞におけるジョン・ケージの記事目録の総覧をひたすら作り、五回にわたって国立音楽大学大学院の年報『音楽研究』に連載した。

ケージとの出会いで人生が変わったのは、私一人ではない。一九六二年の初来日の頃から、彼の存在は日本でも数多くの人たちの生き方を左右してきた。占領下で最初に紹介され、一九五〇年代にもケージに関する情報は少しずつ入ってきていたが、一九六一年の一柳慧らによるケージの《ピアノとオーケストラのためのコンサート》の日本初演と翌年の初来日がもたらした衝撃は、前代未聞という言葉があてはまる。当時の前衛作曲家たちは自らの創作に対する姿勢をあらためて問わざるをえない状況へと追い込まれる。のちに「ジョン・ケージ・ショック」と呼ばれた現象である。初めて生演奏で触れたケージの音楽そのもの、パフォーマンスそのものの強度が疾風のごとく襲い、芸術家たちは自らの礎がぐらぐらと揺さぶられるのを感じたことだろう。新聞の紙面には「超前衛的な作品」(毎日新聞一九六二年五月二二日、無署名)とか「ジョン・ケージの黙示」(毎日新聞一九六二年一〇月三日、武満徹)、「現代への挑戦と抵抗」(朝日新聞一九六二年一〇月一五日、谷川晃)といった文言が踊った。

アクションばかりの上演に茫然自失となって作曲の筆を折った人もいたが、ケージの音楽との接触がその後の日本の創作を方向付けた一面もあった。すなわち、当時の前衛作曲家たちが規範としていたヨーロッパ前衛音楽からの解放である。ピエール・ブーレーズらの考案した総音列音楽に違和感を抱くようになっていたところへケージがやってきて、ヨーロッパの伝統的な音楽観を粉々に破壊した。それからほどなく前衛作曲家は日本の伝統音楽をみつめなおし、ヨーロッパ音楽とは異質な非合理性を再発見するのである。

人生の変化はおそらくケージ作品の上演や楽譜だけでなく、彼の言葉によってもたらされるケースも多かったにちがいない。ケージの主著『サイレンス』の翻訳は一九九六年まで待たなければならなかったが、七〇年代以降は断片的に彼自身の文章が雑誌に翻訳され、ダニエル・シャルルとの対談集『小鳥たちのために』の日本語版も八二年に刊行された。文芸雑誌での特集もあって、哲学や思想、文学を専門とする評論家など幅広い分野の専門家がケージを自由に論じ始める。ちょうど八一年の軽井沢の高輪美術館で開かれた「マルセル・デュシャン展」への参加、八二年、武満徹の監修した音楽祭「今日の音楽一〇」への招聘と、続けて来日したことも重なって、数年間にわたってちょっとしたブームが続く。音楽愛好家ばかりでなく、現代芸術に関心をもつより広い層が活字を通して、ケージの音楽と思想を知ったのである。

本書は一風かわったジョン・ケージへのアプローチである。作品そのものの解説や美学的な論考ではなく、いわゆる伝記でもない。名言集とその解説というスタイルは、もしかすると格言をまとめた道徳書のような古めかしさを感じさせるかもしれない。しかし、数えきれないほどの文章を書き、そこで示されたモットーや理念が多くの人生を左右したケージへの切り口としては最強だと思う。徹底してケージ自身の言葉にこだわり、そこから私たちにとっての意味を問う。一字一句を読んでいくスタイルの本が、あえて情報過多な現代への問題提起になるのではないだろうか。

ケージの著作から五〇個の言葉を選ぶにあたっては、いくつか心がけたことがある。ケージの関心事をできるだけ網羅的に取り上げようと、幅広いテーマで綴られた文章からの引用を試みた。また、ページをぺらぺらとめくりながら、気になった言葉を選んで目を通すという読書を想定して、固有名詞に最小限の肩書をつけるなど、解説も単独で理解できるように工夫している。さらに最初から読んでいけば、おおよそケージの生涯がたどれるよう、ほぼ年代順に並べた。時おり、前後とかけ離れた時期の文章が紛れ込んでいるのはのちに回想したインタビューなどである。その結果として、隣り合っているいくつかの引用文が同じテーマについて語っているものとなったところがあった。解説でも最小限の情報は重複しているが、順に読むと一つ一つ理解が深まっていくように書いたつもりである。

ケージの言葉をひもとく読者に知っておいてほしいことがある。五〇個の名言の多くで、ケージはすなおに主張や感想を述べ、ほろっと心情を吐露している。だが、解説でも触れたとおり、他人の著作からの引用を変形したもの、他者の声がすっかり血肉と化した言葉もいくつか含まれている。ケージは読書家で次から次へと本を読み、興味をもった著作から気に入った文章や言葉を、原著者の意図やコンテクストから切り離して自分の著述で用い、完全に自分の思考に織り込んでいた。ケージの探求は異なるものの中に類似性をみいだすところから始まる。そして類似性をみつけたら、それらを一つのものと把握し、真理として脳裏に刻む。かつて音楽学者のジャン・パスラーはケージの文章を「繋ぎ合わせ」という方法による「多数の声の相互浸透」と評したが、ケージは自分がインパクトをもって受けとめた他者に対して、自らを常にオープンにし、自分の考察や言説のなかに複数の異文化が相互浸透している状態を作り出していた。ケージが愛好した『易経』が多くの人の手によって書き継がれ、オリジナリティに重点が置かれていないのと同じく、ケージの文章が「他者の声の絶え間ない挿入と引用」からなっているいることはその価値を低めるものではない。アマルガムな状態だからこそ、ケージの言葉は強いのである。

名言集というスタイルのアイデアを提供してくださったのは、アルテスパブリッシングの木村元さんである。手のかかる編集作業はまるごと沼倉康介さんが奮闘してくださった。お二人の細やかな配慮があってこその本書である。ブックデザインは『ジョン・ケージ——混沌ではなくアナーキー』でもお世話になった寺井恵司さんにお願いしたことで、出版社の違いを超えて、視覚的な共通性が生まれた。

どこを引用しようかと、ケージの本を何冊も並べて、ひっくり返しては読みふけったのはじつに楽しい作業だったが、いつのまにか膨大な時間が過ぎてしまった。本書を刊行まで助けてくださったみなさん、そして身近で支えてくれた母に心から感謝したい。

読者にとって、本書の言葉の一つ一つが心に響き、「音楽」、いや「音」そのものへの感覚を研ぎ澄ますことに役立てば、幸いである。

二〇一九年七月　白石美雪

白石美雪―しらいし・みゆき

東京藝術大学大学院音楽研究科修了。専門は音楽学。ジョン・ケージを出発点に20世紀の音楽を幅広く研究するとともに、批評活動を通じて、現代の創作や日本の音楽状況について考察してきた。近年は明治期から昭和期に至る日本の音楽評論の成立もテーマにしている。

著書に『ジョン・ケージ 混沌ではなくアナーキー』(武蔵野美術大学出版局、第20回吉田秀和賞受賞)、共編著に『音楽論』(武蔵野美術大学出版局)、共著に『はじめての音楽史』(音楽之友社)、『武満徹音の河のゆくえ』(平凡社)、『音楽用語の基礎知識』(アルテスパブリッシング)ほか、共訳書にディック・ヒギンズ『インター・メディアの詩学』(国書刊行会)など。『朝日新聞』で音楽会評、『レコード芸術』誌で現代曲の月評をレギュラー執筆。横浜市文化財団主催「ジャスト・コンポーズド」シリーズの選定委員をつとめる。現在、武蔵野美術大学教授、国立音楽大学非常勤講師。

すべての音《おと》に祝福《しゅくふく》を ジョン・ケージ50の言葉《ことば》

二〇一九年九月二〇日　初版第一刷発行

―著者―　白石《しらいし》美雪《みゆき》

―発行者―　鈴木茂・木村元

―発行所―　株式会社アルテスパブリッシング
〒一五五―〇〇三二
東京都世田谷区代沢五―一六―二三―三〇三
TEL　〇三―六八〇五―二八八六
FAX　〇三―三四一一―七九二七
info@artespublishing.com

―印刷・製本―　太陽印刷工業株式会社

―デザイン―　寺井恵司

ISBN978-4-86559-209-2　C1073　Printed in Japan